AF245486

ÉTUDES

SUR

LA MAINMORTE DANS LE BAILLIAGE D'AMONT

AUX XIIIe, XIVe ET XVe SIÈCLES,

D'APRÈS DES DOCUMENTS INÉDITS

PROVENANT

Des Archives départementales et communales de la Haute-Saône,

PAR

JULES FINOT,

Archiviste de la Haute-Saône.

<hr>

VESOUL,

TYPOGRAPHIE DE A. SUCHAUX.

—

1881.

à Mr Léopold Delisle membre de
l'Institut.)

l'hommage de son très
humble serviteur

ÉTUDES

SUR

LA MAINMORTE DANS LE BAILLIAGE D'AMONT

AUX XIIIe, XIVe ET XVe SIÈCLES,

D'APRÈS DES DOCUMENTS INÉDITS

Provenant des Archives départementales et communales de la Haute-Saône.

PAR

JULES FINOT,

Archiviste de la Haute-Saône.

VESOUL,

TYPOGRAPHIE DE A. SUCHAUX.

—

1881.

AUX XIII, XIV ET XV SIÈCLES,

ÉTUDES SUR LA MAINMORTE

DANS LE BAILLIAGE D'AMONT

aux XIIIe, XIVe et XVe siècles

d'après des documents inédits provenant des Archives
départementales et communales de la Haute-Saône

PAR

JULES **FINOT**, Archiviste de la Haute-Saône.

*Chartes d'affranchissement inédites d'Authoison,
Rigny-sur-Saône, Semmadon, La Villeneuve,
Neuvelle-les-La Charité et le Pont-de-Planches,
Rupt, Broye-les-Loups et Verfontaine, Champ-
vans-les-Gray, Bonnevent, Noidans-les-Vesoul et
Ray-sur-Saône.*

En continuant la publication de documents inédits sur la
Mainmorte dans le bailliage d'Amont, commencée dans le
Bulletin de 1879, nous avons cherché non-seulement à
présenter le tableau des droits féodaux qu'ils mentionnent,
mais encore à tracer en quelque sorte l'historique des
seigneuries qu'ils concernent. Nous avons donc essayé
d'établir la suite des seigneurs, recherché quels avaient été
les mouvances et les démembrements des fiefs, et précisé les
événements ayant pu provoquer l'affranchissement des
habitants.

Le texte des chartes d'affranchissement est, en conséquence,
précédé de notices particulières qui, nous l'espérons, ne
paraîtront pas dépourvues d'intérêt. Pour ne citer que les
principales, on verra, par exemple, dans celle relative à
Authoison, se dérouler toutes les péripéties de la lutte quatre
fois séculaire d'hommes libres résistant aux tyranniques
prétentions de la puissante abbaye de Bellevaux qui, contre
tout droit et toute justice, voulait en faire ses mainmortables.
A Rigny-sur-Saône, on trouvera la série de curieux priviléges
concédés par les rois de France aux habitants de ce bourg
qu'ils considéraient comme une sorte de poste avancé de
leur royaume au milieu du comté de Bourgogne. Enfin la
seconde fondation des villages de Verfontaine et de Broye-
les-Loups, au XV siècle, fera ressortir, mieux encore peut-
être que les récits des historiens contemporains, à quel état
de misère et de dépopulation les courses des Anglais et des
Grandes Compagnies avaient réduit notre province. Elle
montrera, en outre, comment s'établirent dans nos régions
la plupart des villages, dont l'origine doit être attribuée à
des contrats de précaire ou à des acensements perpétuels
consentis par les seigneurs primitifs propriétaires du sol, qui
exigèrent, en retour de l'aliénation des terres, des redevances
et des droits féodaux.

JULES FINOT.

La Mainmorte dans la Seigneurie d'Authoison.

(1175-1678.)

Authoison (canton de Montbozon, arrondissement de Vesoul, Haute-Saône) eut, dès le XII⁰ siècle, des seigneurs particuliers qui en portaient le nom. Quoique cette maison se soit éteinte de bonne heure, on sait qu'elle avait pour armes : *d'argent à un orle de sinople,* et qu'elle eut des alliances avec les familles de Voisey, de Bonnay, de Scey, etc. Mais il est certain aussi que, dès ces temps reculés, la terre d'Authoison n'appartenait pas exclusivement aux seigneurs de ce nom ; d'autres propriétaires laïques, ainsi que les abbayes de Bellevaux, de Saint-Paul et de Saint-Vincent de Besançon, y avaient des meix, des hommes et des droits féodaux. Enfin, il semble aussi que la généralité même des habitants ne dépendait pas de la directe mainmortable de ces divers seigneurs. On les voit, en effet, dès la fin du XIII⁰ siècle, s'avouer de la seigneurie des comtes de Bourgogne et soutenir la franchise de leur condition contre les prétentions des abbés de Bellevaux et de Saint-Vincent. C'est le récit de la résistance qu'ils opposèrent à ces prétentions que, grâce aux nombreux documents conservés aux archives de la Haute-Saône, nous allons essayer d'entreprendre.

Nous voyons par ces titres qu'à la fin du XII⁰ siècle, l'abbaye de Bellevaux possédait des terres, des meix et des *magnies* d'hommes à Authoison ; dès cette époque déjà, avec cette persévérance et cet esprit de suite qu'apportaient les communautés religieuses dans l'administration de leur temporel, elle cherchait à accroître, à arrondir en quelque sorte, les biens qu'elle avait dans cette localité. Ainsi, en 1175, les deux frères Pierre et Gérard de Scey, écuyers, lui donnent tous les droits qu'ils avaient sur un vilain d'Authoison, du nom de Pierre, sur sa postérité et son tenement (1). En 1197, elle reçoit de l'épouse de Pierre de Bonnay, tout ce qui lui revenait en héritage à Authoison, c'est-à-dire la seizième partie d'un meix tenu par le laboureur Licelin (2).

Un an après, c'est Brutin de Bonnay qui vient compléter cette donation par l'abandon du huitième qui lui revenait dans leur meix Licelin (3). La suzeraineté de ces biens nouvellement acquis appartenait toujours aux seigneurs de la maison d'Authoison. C'est ce qui semble résulter de la donation ou plutôt de la confirmation faite, en 1206, par Henry d'Authoison, qui, à l'article de la mort, légua aux frères de Bellevaux tout ce qu'ils détenaient à Authoison relevait de sa seigneurie (4). Cette seigneurie d'Authoison relevait elle-même, paraît-il, de la vicomté de Vesoul, puisqu'on voit Aymon de Vesoul donner à l'abbaye de Bellevaux le fief que Guy et les héritiers de Gilebert, seigneurs dudit Authoison, tenaient de lui (5).

(1) Archives de la Haute-Saône, H. 91. « Quidquid juris habebant in villeria de Ateson. Petro videlicet et omnibus heredibus ejus et eorum tenemento. »

(2) Idem. « Puefilia uxor Petri militis de Bonay dedit monachis Bellevallis pro remedio anime sue quidquid jure hereditario possidebat apud Athoysium sextam decimam secundam partem maxi quem tenebat Licelinus rusticus. »

(3) Idem. « Dominus Brutinus, miles de Bonay, veniens in Bellam-Vallem, dedit in elemosynam eidem domni partem suam cujusdam hominis de Auteson Lecelni, octavam scilicet et super sanctum aliere obtulit. »

(4) Idem. « Henricus miles de Athoyson in extremitate concessit et legavit abbati in perpetuam elemosynam quidquid predicti fratres de potestate sua apud Athoyson detinebant. »

(5) Idem. La charte n'est pas datée; mais comme parmi les témoins figure Otton de la Roche, seigneur d'Athènes (Otto de Rocha, dominus Athenarum), on peut la rapporter à l'année 1220 environ, car on sait, d'après d'autres titres, que le célèbre duc d'Athènes revint vers cette époque dans le comté de Bourgogne.

Non-seulement l'abbaye de Bellevaux augmentait ses possessions par les dons qu'elle savait s'attirer, mais ce qui prouve l'opiniâtreté qu'elle apportait dans la poursuite du but qu'elle s'était proposé, c'est-à-dire la réunion entre ses mains de tous les débris épars de la seigneurie d'Authoison et la réduction subreptice des habitants en servitude de mainmorte, c'est qu'elle échangeait des biens qu'elle avait loin de là contre ceux dont l'abbaye de Saint-Vincent de Besançon était propriétaire. Cette dernière et celle de Saint-Paul ne paraissent pas, en effet, avoir apporté la même passion dans la lutte entamée contre les habitants et continuée jusqu'au XVIII⁰ siècle. Elles n'y avaient pas non plus un intérêt aussi direct et puissant que Bellevaux, qui ne devait pas voir sans une grande peine un village franc enclavé pour ainsi dire dans sa seigneurie. En 1243, Werric, abbé de Saint-Vincent, concéda donc à son ambitieux confrère un fief sis à Authoison, litigieux entre eux, provenant de Robert de Senans, moyennant la rétrocession de meix et de fonds de terre à Thise (1). Enfin, en 1254, un des derniers représentants de la famille d'Authoison, Guy dit Saillate, du consentement de son épouse Lieyaxde, de son fils Gilbert, de Sébille, sa bru, et de son petit-fils Pierre, donna à Bellevaux tout ce qu'il possédait à Aubertans, sauf toutefois le fief de Sorans et dix journaux de terre sis sur le territoire d'Authoison (2). C'est alors que les habitants restés libres, effrayés par ces acquisitions successives, redoutant de nouveaux empiétements, commencèrent à s'opposer à la domination de l'abbaye. Ils le firent en prêtant leur appui

(1) Archives de la Haute-Saône, H, 91. Cette pièce est très-curieuse au point de vue philologique, car son texte présente un singulier mélange de langue vulgaire et de latin. C'est d'ailleurs vers cette époque (second quart du XIII⁰ siècle) que la langue vulgaire commença à être employée dans les chartes.
(2) Archives de la Haute-Saône, H, 91.

aux mainmortables de Bellevaux qui imploraient la protection du *maieur* contre les vexations de leurs seigneurs. Ce maieur paraît avoir été un officier administratif et judiciaire relevant directement du comte de Bourgogne, ayant mission de faire respecter ses droits à Authoison et ceux des habitants.

Cette résistance entravant les prétentions de l'abbaye, elle dut s'adresser au comte de Bourgogne lui-même pour en avoir raison. Grâce à la faiblesse d'Othon IV, le dernier des Méraniens, prince sans caractère, harcelé et hésitant entre l'Empire d'Allemagne et la France, elle obtint satisfaction. Le comte de Bourgogne ne comprit pas qu'il avait le plus grand intérêt de continuer aux communes la faveur que leur avaient montrée ses prédécesseurs ; fatigué des instances faites auprès de lui, il écrivit à son maire à Authoison pour lui recommander de laisser l'abbaye de Bellevaux jouir en paix de ses possessions tant en biens fonds qu'en hommes, de lui prêter main-forte même « jusqu'à corps d'homme prendre » toutes les fois qu'il en serait requis, de faire en sorte qu'il n'ait plus à entendre aucune plainte à ce sujet (1).

L'abbaye put donc reprendre la poursuite de ses desseins, d'autant plus que les guerres incessantes qui désolèrent le comté de Bourgogne pendant le XIVe siècle, l'instabilité de la suzeraineté, les courses des Anglais et des Grandes Compagnies, enlevèrent presque toute force et tout prestige à l'autorité centrale. Si les localités un peu considérables profitèrent de cette anarchie pour accroître leurs franchises et fortifier leur organisation communale, il n'en fut pas de même dans les campagnes, dont les habitants furent plus que jamais à la merci des seigneurs laïques et ecclésiastiques. Ce n'est que lorsque notre province passa sous la domination

(1) Archives de la Haute-Saône, H, 91, Charte de février 1280, anc. style ; 1281, nouv. style. « Et que tu lour en aide totes les foies qu'il t'an requarront ; fai de ce que il ne nous en covienne plus perler. »

des ducs de Bourgogne de la maison française, que les prévôts et baillis, tous ces magistrats formés à l'école des légistes de Philippe-le-Bel, purent ramener un peu d'ordre dans le pays et réprimer les écarts du haut clergé et des grands barons contre les droits du souverain. L'énergie de l'administration de Jean-sans-Peur, à ce point de vue, est particulièrement remarquable. Aussi, encouragés sans doute par de nombreux exemples d'actes de justice et de fermeté, les habitants d'Authoison s'adressèrent au duc de Bourgogne pour lui demander protection contre les trois monastères qui s'efforçaient de les soumettre à leur juridiction et de les réduire en servitude. Le duc écouta favorablement la requête par laquelle « ses bien aymez les manans et habitans de sa ville d'Authoison, ses hommes et subjectz » lui représentèrent « que comme lesdits habitans au temps passé feussent hommes subjectz et justiciables de ses prédécesseurs comtes et comtesses de Bourgogne, saus que les abbés de Bellevaux, de Sainct-Paul et de Sainct-Vincent de Besançon y eussent *aulcun droict de juridicion ne de mainmorte*, néanlmoins lesdits abbés et aulcuns soubz umbre d'anciens dons à eulx faictz (il s'agit sans doute des donations rapportées ci-dessus) par nos prédécesseurs comtes et comtesses de Bourgogne, ont *asservi* et *asservent* aulcuns des habitans de ladite ville et mis à mainmorte par leur puissance indehue ; laquelle (mainmorte) ilz ont levée et s'esforcent chascun jour de lever sans tiltre ou cause raisonnable qu'ilz ayent sur lesditz habitans, et par ce moyen iceux abbez et aulcuns *soubz ombre de ladicte mainmorte approprient à eulx les héritages de nostre dicte ville qui sont francs de nostre justice légitime et les baillent comme bon leur semble à ceulx de ladicte ville qui dient estre de ladicte mainmorte;* combien que supposé qu'ilz eussent en ladicte ville aulcun droit de mainmorte se doivent-ils oster de leurs mains de dèz temps là les héritages à eux venuz et eschuz

de ladicte mainmorte dont ils ne font rien, mais *toujours
s'esforcent d'accroistre leurs droitz* [de] *mainmorte et
asservi lesditz heritaiges.* » Il était impossible de mieux
expliquer la manière de procéder des religieux, consistant à
acenser des terres et des meix francs à des individus qui
voulaient bien se reconnaître mainmortables envers eux et à
arriver ainsi insensiblement à faire disparaître toute la population libre. Il y avait là un danger social qui devait se
reproduire dans beaucoup de localités au XVe siècle, et contre
lequel les conseillers du duc, fidèles aux traditions admi-
nistratives françaises favorables à l'émancipation des serfs,
n'hésitèrent pas à prendre les mesures propres à le
conjurer. Aussi, par les lettres-patentes adressées au bailli
d'Amont le 6 juin 1410, Jean-sans-Peur, considérant que
« ladite chose (les manœuvres subreptices de l'abbaye de
Bellevaux) est un très-grand grief, préjudice et dommaige
esditz habitans et diminution de nostre dite juridicion et
seignourie, et plus pourroit estre se par nous ne estoit sur
ce pourveu de remède convenable, et pour l'aumentation et
accroissement de nostre juridicion et seigneurie et en faveur
desdits habitans qu'au temps passé ont esté francs de ladite
mainmorte comme sont leurs prouches voisins et habitans
des villes environ, » mande à ce magistrat, que « appelle à
ce nostre procureur pour y garder nostre droict, il soit
informé bien et deheument par gens anciens de ladicte ville
et en pays entour de et sur les choses dessus dictes, leurs
circonstances et dépendances, et si par ladicte information,
registres et papiers de la chambre des comptes à Dijon, il
appert les dictz abbés et aucuns avoir levé sur les dictz
habitans ladicte mainmorte et les avoir asservis » de leur
faire faire « exprès commandement de par nous de ne s'entre-
mettre de les tenir en icelle servitude, mais de s'en désister
et départir et de les laisser jouir, et user doresenavant de

franchise et de liberté comme les anciens habitans des villes environnantes. » (1).

Cette reconnaissance formelle et officielle de l'état de franchise des habitants d'Authoison eut sans doute pour effet d'arrêter un instant les menées des trois abbayes qui s'efforçaient d'y porter atteinte. Cependant celle des trois qui devait le plus se distinguer par son acharnement dans cette lutte, l'abbaye de Bellevaux, ne renonça pas pour cela à ses prétentions. Elle attendit seulement des temps meilleurs pour les faire valoir. L'occasion lui parut propice sous le successeur de Jean-Sans-Peur, Philippe-le-Bon, prince absorbé par les préoccupations de sa lutte avec la couronne de France, moins jaloux de ses prérogatives et moins vigilant dans la défense des droits de ses sujets. Ces derniers avaient peut-être aussi, ce qui devait presque infailliblement arriver chez des hommes encore impatients du joug qu'on avait voulu leur imposer, outrepassé les droits que leur avaient reconnus les lettres-patentes de 1410. Il paraîtrait, en effet, que quelques années après, non-seulement les gens libres, mais même les mainmortables anciens de l'abbaye de Bellevaux s'étaient affranchis du droit de scel, c'est-à-dire de l'obligation qui leur incombait de présenter les contrats de ventes et d'échanges des biens dépendants de la directe mainmortable de ladite abbaye à l'approbation de l'abbé et de ses officiers, prétendant qu'il leur suffisait de faire sceller ces contrats à la prévôté ducale de Montbozon. Un procès s'engagea à ce sujet, et l'abbaye de Bellevaux fut déboutée des conclusions qu'elle avait prises contre les habitants par le bailli d'Amont. Elle s'adressa alors au duc Philippe-le-Bon, qui, dans un mandement adressé audit bailli le 16 décembre 1442, visant la requête « de ses bien-aimez de Dieu les religieux abbé et covent du monastère de Bellevaux, »

(1) Archives de la Haute-Saône, H, 91.

reconnut avec eux « que comme à cause de leur dite église
leur compètent et appartiennent *plusieurs maignies
d'hommes, leurs biens, meix, tènemens et amaisonnemens*
de la ville, finaige et territoire d'Athaison en la prévôté de
Montbozon à eulx affectés de tailles et de morte-main et
aussi de courvées et de certains autres drois et que jà
comme lesditz hommes, meix et amaisonnemens soient de
la mainmorte et de la condicion que dessus desdits supplians,
pourquoy de raison et par la coutume et usaige oudit comté de
Bourgogne que gens de mainmorte ils ne puissent ou doient
aliéner ne transporter leurs meix, héritaiges sans le congié
de licence des seigneurs de la directe, ce que faisant lesdits
meix et aultres héritaiges ainsi aliénés retournent au seigneur
de la morte-main par raison et selon ladite coustume et
usance de ladite morte-main, tellement que lesdits hommes
ne peuvent et ne doivent aucune aliénation de leurs dits
biens que ce ne soient soubz le scel de leur flé, et que de ce
droict lesdicts supplians et autres abbés et prélats de ladicte
comté de Bourgougne aïans gens de la morte-main leur avest
accoutumé de faire en toutes aliénations ; néanmoins et
nonobstant plusieurs des hommes desdits supplians de
ladicte ville d'Authoison de piéca ont vendu, cédé, aliéné et
transporté plusieurs biens, terres et héritaiges, affectez
auxdits supplians de ladicte morte-main, sans le consentement d'iceux supplians, et sans que les acquisiteurs d'iceux
en aient prises lettres desdits supplians, à l'umbre de ce que
lesdits d'Authoison entendent et veullent maintenir qu'ils
doivent et ont accoustumé de sceller les lettres desdittes
aliénations soubz nostre scel du tabellionage dudit Montboson,
dont procès desjà piéca a esté meu entre lesdits religieux et
leurs dits hommes d'Authoison pardevant nous, et combien
que ou dit procès lesdits supplians aient souffisamment
prouvé leurs dits hommes estre de mainmorte et aient exhibé
plusieurs lettres scellées dessoubz leurs scels et plusieurs

aliénations, iceulx religieux ont esté condempnes et a esté dit par la sentence de la court dudit bailliage d'Amont lesdits hommes avoir droit de povoir sceller les lettres desdittes aliénations dessoubz, nostre dit scel dudit Montbozon, dont lesdits religieux ont appellé en nostre parlement de Dôle où la cause est encore pendant » (1).

En attendant le résultat de cet appel et après avoir constaté que, par suite des aliénations faites ainsi, les tailles perçues par les religieux avaient tellement diminué, que de quarante livres estevenins qu'elles rapportaient environ précédemment, elles étaient tombées à vingt livres, qu'il était aussi impossible de connaître au juste les héritages aliénés en fraude des droits de l'abbaye, le duc ordonna à son bailli d'Amont de faire une enquête à ce sujet, afin que *mainmise* fût ordonnée par lesdits religieux sur les biens ainsi vendus à leur préjudice. Nous n'avons pu découvrir quelle fut l'issue de ce procès. Il est probable que l'abbaye de Bellevaux fut encore déboutée au parlement, et qu'elle dut se contenter de conserver quelques tailles sur les meix qui lui appartenaient à Authoison. Néanmoins le document que nous venons d'analyser et de transcrire en partie montre la faiblesse avec laquelle le successeur de l'énergique Jean-Sans-Peur sacrifiait les droits de ses sujets, droits qui se confondaient cependant avec les siens. Heureusement que les officiers ducaux conservèrent encore pendant quelque temps les traditions et les principes de l'administration précédente, ce qui eut pour résultat de ne pas trop ralentir, dans les premières années du règne de Philippe-le-Bon, les affranchissements de la mainmorte. Mais avec Charles-le-Téméraire ils cessent presque complétement, car il était trop préoccupé des projets qui devaient lui assurer la

(1) Archives de la Haute-Saône, H, 91.

couronne de grand-duc d'Occident, pour veiller à la bonne administration de ses Etats.

D'ailleurs la châtellenie de Montbozon ayant été inféodée dans le cours du XV° siècle par les ducs de Bourgogne, comme le prouve le dénombrement donné le 20 mai 1423 par Thibaut d'Aloze, écuyer, mari de Jeanne d'Apremont, et au nom de Guillemette, sa sœur, femme de Jean d'Aloze, écuyer, la terre d'Authoison qui en dépendait et ses habitants furent exposés davantage aux revendications des seigneurs ecclésiastiques ; l'autorité centrale n'avait plus, en effet, un intérêt aussi direct à prendre leur défense (1). Cette seigneurie dut cependant faire retour au domaine ducal, car le compte de Jehan Duban, receveur des revenus du bailliage d'Amont, renferme, à l'année 1474-1475, cette indication : « Des tailles de la seigneurie d'Authoison = 4 livres 10 sols ». (2). Mais elle en fut distraite de nouveau peu de temps après, puisque le compte de Guillaume Bassand, successeur de Duban, à l'année 1482-1483, porte : « Tailles d'Authoison, néant, parce que Montbozon et ses dépendances a été donné par le roi à M. Artus de Vaudrey. » (3).

Ce n'était pas non plus sans quelque difficulté que l'abbaye de Bellevaux jouissait des revenus et des droits provenant des meix qu'elle avait conservés. Ainsi, en 1468, elle est obligée d'établir pardevant l'official de Besançon « qu'elle a la seigneurie et censive de deux meix sis à Authoison, l'un dit le meix Jean-Péquignot, l'autre appellé le meix Chaudey, que les possesseurs de ces meix étaient tenus de faire chaque année une corvée de faucille en temps de moisson dans les terres qu'elle avait à Argirey » (4). En 1499, dans

(1) Archives de la Côte-d'Or. Inventaire de la Chambre des comptes, I, 857.

(2) *Idem*, B, 1775.

(3) *Idem*, B, 1778.

(4) Archives de la Haute-Saône, H, 91.

un manuel de tailles et cens, on lui voit percevoir, outre des cens en argent, des fouaces (espèces de galettes) ; mais les habitants ne figurent pas dans la montre d'armes des mousquetaires, arquebusiers, hallebardiers et brindestoquiers (porteurs de bâtons) de la seigneurie de ladite abbaye, ce qui est une preuve manifeste qu'Authoison n'était toujours pas considéré alors comme en faisant partie (1).

Cependant les religieux de Bellevaux devaient essayer encore une fois de faire déclarer subrepticement les habitants leurs hommes mainmortables. Dans cette dernière tentative ils s'adressèrent à la cour de Rome et obtinrent, pour la garde des dîmes dont ils jouissaient conjointement avec le monastère de Saint-Vincent de Besançon, dîmes dont la possession ne leur était pas du reste contestée, un *significavit* qui fut lu en chaire par le curé d'Authoison. On avait cherché à confondre habilement dans cet acte les droits de dîmes et de tailles, afin de pouvoir plu. tard, dans le cas où cette confusion passerait sans protestation, s'autoriser de ce silence pour réclamer les tailles en même temps que les dîmes.

Il n'en arriva pas ainsi ; les prud'hommes et échevins veillaient avec trop d'attention à la conservation de leurs droits pour se laisser prendre à un tel piége. Donc, le 13 janvier 1535, ayant amené avec eux un notaire, afin de constater leurs dires, ils vinrent trouver discrète personne Jacques Lambert, prêtre, vicaire de leur paroisse, et lui adressèrent la parole en ces termes : « Messire Jacques, pour ce que vous avez publié et leust ung significavit aux prônes de l'église parrochiale dudit Authoison puis douze jours ença, à requeste de vénérable et discrète personne damp (dom) Marc Cussemenet, abbé de l'abbaye de Bellevaux et des religieux et couvent de ladite église, que l'on dit avoir esté

(1) Archives de la Haute-Saône, H, 47.

obtenu par eulx en court de Rome, par lequel significavit admonestez des dismes ; en cas que lesditz abbé et couvent vouldroient en icelluy significavit comprandre les dismes de froment et avoine ditz les groz et grantz dismes que les manans et habitans dudit Authoison ont accoustumez payer chascun an audit Authoison aux ditz abbé et couvent de Bellevaux et aussi aux vénérables abbé et couvent de Saint-Vincent de Besançon et de Bellevaux conjointement, lesditz dismes de froment et avoine comme ilz ont accoutumé les payer par cy-devant à la volonté desdicts habitans en conscience ; laquelle coustume et volonté est telle et a été observée et gardée audit Authoison de payer ung chascun an aux sieurs abbés et couvents ou à leurs commis et amodiateurs, pour chasque journal de terre emblavé de froment une gerbe de froment, et pour chasque journal semé d'avoine une gerbe d'avoine, comme sont passez par vingt, trente, quarante, cinquante, soixante, quatre-vingt et cent ans ou plus que ladicte coustume a estée observée et entretenue audict Authoison et ainsi payée par lesdicts habitans que par leurs parens, pères et prédécesseurs, et est ladite coustume gardée et observée tant audict Authoison que en plusieurs villes et villages de ce comté de Bourgogne circonvoisins, mesme du temps excédant la mémoire des vivans....... Item ont aussi déclaré lesdits prud'hommes et eschevins au nom et comme procureurs que dessus, audit messire Jacques, que en sus que lesditz abbé et couvent de Bellevaux par icelluy significavit vouldroient ou entendroient comprandre que par iceulx habitans *leurs soient déclarié aulcunes tailles, ou par lesdits abbé et couvent soit préiendu d'avoir sur lesdits habitans ou aulcungs d'eux droit de servitude, iceulx prud'hommes et eschevins ou dit nom se rendent et constituent pour opposans en ce cas* » (1).

<hr>

(1) Archives de la Haute-Saône, H, 91.

La fin de cette pièce montre que les contestations relatives aux dîmes et aux tailles entre les habitants de l'abbaye étaient en ce moment pendantes devant trois juridictions : l'officialité de Besançon, le bailliage d'Amont et le parlement de Dôle. Le procès devant le parlement durait encore en 1560, comme le prouve une enquête appointée en nomination de conseiller rapporteur pour « l'arréglement des dismes du villaige d'Authoison » (1).

Ces dîmes furent définitivement taxées dans le cours du XVII° siècle à vingt boisseaux de froment et vingt boisseaux d'avoine (2). Les abbayes de Bellevaux et de Saint-Vincent de Besançon avaient en outre conservé des cens, soit en argent, soit en nature, sur plusieurs particuliers d'Authoison. Mais les échevins avaient atteint leur but, car dans la déclaration du 1er mars 1690, il n'est plus question ni de mainmorte, ni de corvées dues à ces monastères. Cette déclaration, non signée, des meix, maisons et héritages que Bellevaux réclamait comme de sa seigneurie et censive, avec l'indication de quelques-uns des titres sur lesquels ces droits étaient fondés, avait été préparée pour parvenir à la rédaction d'un arpentement du territoire d'Authoison, arpentement que les habitants empêchèrent sans doute de dresser.

Ainsi, après une lutte de cinq siècles, ces derniers étaient parvenus, grâce à leur énergique persévérance, à faire disparaître de leur village toute trace de mainmorte personnelle. L'abbaye, malgré l'acharnement qu'elle avait apporté pour faire triompher ces prétentions tyranniques, dut se contenter, au XVIII° siècle, de la mainmorte réelle sur quelques héritages, avec des droits de dîmes et de terrages, dernières épaves féodales qui ne devaient sombrer qu'en 1789.

(1) Archives de la Haute-Saône, H, 91.
(2) *Idem*, H, 41. Etat des droits de l'abbaye en 1678.

I.

Charte par laquelle Ebrard, archevêque de Besançon, atteste que Pierre et Gérard de Saz (Sçay), écuyers, ont donné à l'abbaye de Bellevaux tous les droits qu'ils avaient sur leurs hommes d'Authoison, à savoir Pierre et tous ses héritiers et leurs meix. (1175.)

(Archives de la Haute-Saône, H, 91.)

(Grand sceau pendant représentant l'archevêque Ebrard assis sur un trône pontifical, tenant la main droite élevée comme pour donner la bénédiction, et de la gauche la crosse. On ne peut lire que : VNTINVS ARCHIE. — Contre-sceau : Aigle éployée.)

II.

Donation à l'abbaye de Bellevaux par Putefilia, épouse de Pierre, écuyer, seigneur de Bonay, de la seizième partie d'un meix tenu par Licelin, laboureur. (1197.)

(Archives de la Haute-Saône, H, 91.)

III.

Charte par laquelle Hugues, abbé de Saint-Vincent de Besançon, atteste que Brutinus, *miles de Bonay*, a donné à l'abbaye de Bellevaux la huitième partie qui pouvait lui revenir dans la propriété d'un homme d'Authoison nommé Licelin. (1198.)

(Archives de la Haute-Saône, H, 91.)

IV.

Charte par laquelle Jean, archevêque de Besançon, atteste qu'Henry d'Authoison, écuyer, a donné à l'article de la

mort à l'abbaye de Bellevaux tout ce que ladite abbaye possédait dans sadite seigneurie d'Authoison. (1206.)

(Archives de la Haute-Saône, H, 91.)

V.

Echange de fief et de meix, à Authoison et à Thise, entre les abbayes de Bellevaux et de Saint-Vincent de Besançon. (1243.)

(Archives de la Haute-Saône, H, 91.)

VI.

Donations faites à l'abbaye de Bellevaux de terres sises à Aubertans et à Authoison, par Guy d'Authoison. (Novembre 1254.)

(Archives de la Haute-Saône, H, 89.)

VII.

Charte par laquelle Othon IV de Méranie, comte palatin de Bourgogne, ordonne à son maïeur à Authoison de prêter main-forte à l'abbé de Bellevaux toutes les fois qu'il en sera requis à l'égard des hommes de ladite abbaye audit lieu. (Février 1280 ; nouv. st., 1281.)

(Archives de la Haute-Saône, H, 91.)

Othes, cuens de Borgoinne, palatins et sires de Salins, à son amé à maour de Athoison salut et amour. Nos te mandons et commandons que tu lessoies à religioux homes à l'abbé et covant de Belvax et à lour commandement pranre et juir des choses à lor homes de Athoison totes les foies que il vorront jusque à cors d'omne panre ; et que tu lour an aide totes les foies qu'il tan requarront ; lai de ce que il ne nos

an covienne plus perler. En tesmoignaige de la quel chose
nos avons baillié es diz religioux ces lettres scelées de nostre
scel pandant que furent donées et faites lant Nostre Seignour
corrant per mil dous cenz et quatre vinz ou mois de février.

VIII.

**Amodiation perpétuelle faite par dom Jourdain, abbé de
Bellevaux, à Jean Maire, de Montbozon, du meix Rigolin
appartenant à l'abbaye à Authoison, consistant en
chazal, chènevières, terres arables et non arables, etc.,
moyennant trois livres de cire payables annuellement à
la Saint-Michel. (Jeudi avant le dimanche des Rameaux, 1298;
nouv. st., 1299.)**

(Archives de la Haute-Saône, H, 91.)

IX.

**Copie des lettres-patentes de Jean-Sans-Peur, portant
affranchissement des habitants d'Authoison. (6 juin 1410.)**

(Archives de la Haute-Saône, H, 91.)

Jehan, duc de Bourgogne, comte de Flandre, d'Artois et de
Bourgougne, palatin, seigneur de Salins et de Malines, à
nostre bailly d'Amont ou son lieutenant, salut. L'humble
suplication de noz bien aymez les manans et habitans de
nostre ville d'Authoison, nos hommes et subjectz, avons
receut, contenant comme lesdits habitans ou temps passé
feussent hommes subjectz et justiciables de noz prédécesseurs, comtes et comtesses de Bourgougne, sans ce
que les abbés de Bellevaux, de Sainct-Paul et de Sainct-
Vincent de Besançon y eussent eu leur droit de juridicion
ne de mainmorte, néanlmoins lesdits abbés et aulcuns soubz
umbre d'aucuns dons à eux faictz par mes prédécesseurs

comtes et comtesses, ont asservi et asservent aulcuns des
habitans de ladite ville et mis à mainmorte par leur
puissance indehue ; laquelle ilz ont levée et s'esforcent
chascun jour de lever sans titre ou causes raisonnables
qu'ilz ayent sur lesditz habitans, et, par ce moyen, iceux abbez
et aucuns soubz umbre de ladite mainmorte aproprier à eulx
les héritaiges de nostre dicte ville qui sont frans de nostre
justice légitime et les bailler comme bon leur semble à ceulx
de ladicte ville qui dient estre de ladicte mainmorte, combien
que, supposé qu'ilz eussent en ladicte ville aulcun droit de
mainmorte, se doivent-ils oster de leur main de dèz temps là
les héritaiges à eux venuz escheuz de ladite mainmorte dont
ils ne font rien, mais tousjours s'esforcent d'accroistre leurs
droitz de mainmorte et asservi lesditz héritaiges ; laquelle
chose est ou très-grand griefz, préjudice et dommaiges
esditz habitans et diminution de nostre dite juridicion et
seignourie, et plus pourroit estre se par nous ne estoit sur ce
pourveu de remède convenable si comme ils dient requérant
icelui. Pour ce est-il que nous ce considéré et par l'aumentation et accroissement de nostre juridicion et seigneurie et
en faveur desdits habitans qui au temps passé ont esté frans
de ladite mainmorte comme sont leurs prouches voisins et
habitans des villes environ, vous mandons que appellé à ce
nostre procureur pour y garder nostre droict vous vous
informiez bien et deheument par gens anciens de ladicte
ville et en pays entour de et sur les choses dessus dictes,
leurs circonstances et dépendances et se par ladicte information, registres et papiers de nostre chambre des comptes
à Dijon, il vous apart lesditz abbés et aucuns avoir levé sur
lesdits habitans ladicte mainmorte et les avoir asservi.
Comme raison vous leur fist ou faire fist exprès commandement de par nous, que iceux ne s'entremectent de les
tenir en icelle servitute, mais se désistent et déportent et
les laissent jouyr, user doresenavant de franchise et de

liberté comme les anciens habitans des villes environnantes,
en les contraingnant à ce par toutes voyes et manières deues
et raisonnables, et en cas d'opposition faictes aux présentes,
parties ouyes sur les choses dessus dictes, leurs circonstances
et dépendances sans long pourvois et figure de jugemens,
bon et brefz accomplissement de justice ; car ainsin nous
plaist-il estre faict, et ausdicts suplians l'avons ouctroyé et
ouctroyons de grâce espéciale par ces présentes nonobstant
quelconques lettres subreptices impétrées ou à impétrer
et aucunes choses au contraire. Donné en nostre ville de
Dijon, le VI° jour de juing l'an de grâce mil quatre cens et
dix. Signé Monseigneur le Duc ; à [sa] relation. — Vambart.

(Copie du XVI° siècle.)

X.

**Mandement d'appel d'une sentence rendue au bailliage
d'Amont, ressort de Vesoul, entre les manants et
habitants d'Authoison, contre les abbé et religieux de
l'abbaye de Bellevaux, par laquelle sentence il était
dérogé aux droits de cette abbaye de faire présenter à
son scel et à son consentement les lettres d'aliénation
des héritages de sa mainmorte à Authoison. A ces lettres,
portant mandement d'appel, sont attachées les citations
faites au parlement de Dole en exécution. (16 décembre 1442.)**

(Archives de la Haute-Saône, H, 91.)

XI.

**Déclaration faite par les habitants et communauté d'Au-
thoison qu'ils ne devaient et n'avaient coutume payer
depuis 20, 30, 40 et même 100 ans, tant à l'abbé de
Saint-Vincent de Besançon qu'à l'abbé de Bellevaux, la
dîme qu'à raison d'une gerbe par journal de froment et
une gerbe par journal d'avoine, et ne leur devoir aucunes
tailles. (13 janvier 1535.)**

(Archives de la Haute-Saône, H, 91.)

XII

Vente faite par Claude Viard, d'Authoison, à Guillaume d'Anvers, écuyer, seigneur de Bellefleur, d'un pré au lieu dit le Pré-d'Apelle, contenant environ un chariot de foin, « rière et soubz la justice et seignorie du roy nostre sire. » (11 avril 1570.)

(Archives de la Haute-Saône, H, 91.)

Franchises et priviléges du bourg de Rigny-sur-Saône.

(1276-1720.)

Le petit bourg de Rigny, qui s'élève sur la rive droite de
la Saône, à quelques kilomètres en amont de Gray, paraît
avoir eu, dès le XII° siècle, des seigneurs de son nom, écrit
dans les anciens titres *Raigney, Roigne, Rigney*. Un Guido
de Rigney est cité dans une charte de 1188. L'un de ses
descendants, Foulques, acheta (Gollut, p. 205), en 1284, de
Jean de Rans, la charge de sénéchal de Bourgogne, « avec
les honneurs, proffits et authorité en dépendans, en quoy
les fours et l'éminage de Gray estoient compris. » Cette
sénéchaussée de Bourgogne qui, jusqu'en 1230, avait été
héréditaire dans la maison de Vergy, le devint depuis 1284
dans celle de Rigny, jusqu'à Hugues II, père de Jeanne de
Rigny, née en 1388, qui, par son mariage avec Antoine de
Vergy, chevalier de la Toison d'Or et maréchal de France,
fit repasser cette charge, avec la plus grande partie des biens
de sa maison, dans celle de Vergy *(Almanach de la Franche-
Comté pour l'année 1785,* par dom Grappin). Cette maison
s'éteignit au commencement du XVI° siècle, à la mort d'Odo
de Rigny, dernier de sa race. Elle portait *de gueules à la
bande d'argent.* La seigneurie de Rigny passa ensuite aux
Andelot, puis aux Pontaillier. Elle était divisée, au dernier
siècle, entre les familles Baulard et de Montrichard.

Cette terre présente cette particularité d'avoir toujours,
depuis la fin du XIII° siècle, dépendu du duché de Bourgogne et de la couronne de France, comme le prouvent les
titres que nous allons publier et analyser. Nous n'avons pu
découvrir quelle était sa mouvance avant Foulques. Ses
seigneurs étaient-ils vassaux des ducs ou des comtes de
Bourgogne, c'est ce que nous ne saurions décider. Toutefois,

comme l'église de Rigny a dépendu, jusqu'à la Révolution, du diocèse de Langres, on peut supposer que cette localité, qui jadis faisait partie du *pagus* des Atoariens, ne fut jamais, par conséquent, comprise dans les limites du comté de Bourgogne. C'est seulement sur ce point que la Saône séparait le *pagus* des Atoariens de ceux de Port et d'Amaous, et, par là même, les diocèses de Langres et de Besançon, comme nous espérons l'avoir démontré dans notre *Etude de géographie historique sur la Saône*.

Le château de Rigny dut à sa situation géographique, qui en faisait un lieu stratégique et un poste militaire de la plus grande importance pour l'attaque et l'invasion de la Franche-Comté, d'être assiégé, pris et repris plusieurs fois pendant les guerres des XVᵉ, XVIᵉ et XVIIᵉ siècles. D'après l'*Histoire de Gray*, de MM. Besson et Gatin (p. 171), occupé en 1636 par les Français, il fut assiégé par les forces comtoises et obligé de capituler, puis livré et pillé de fond en comble. Le village fut aussi ravagé et brûlé, sans doute en punition des sympathies de ses habitants pour la France. Les privilèges et franchises qui leur furent successivement accordés ou confirmés mentionnent les diverses vicissitudes et calamités qu'ils eurent à subir.

Par une charte de janvier 1276, Foulques, non encore sénéchal de Bourgogne, accorda à ses hommes de Rigny l'affranchissement « des tailles et prises de ventes, lods (sorte de droit de mutation), corvées de charrois et de toutes servitudes. » Il ne se réserve pour lui et ses successeurs, seigneurs dudit Rigny, que trois corvées de fenaison, moisson et vendange, et trois corvées de charrue par an « en vahin » (automne), « en resmoy » (carème), « en sombre » (hiver), rachetables moyennant douze deniers tournois ou estevenins chacune. Lesdits sujets devront aussi lui payer douze deniers par chaque journal de terre ou ouvrée de vigne qu'ils cultiveront, cinq sols par fauchée de pré, douze deniers par chaque feu, avec trois sols et une géline (poule) à carmentrand (carnaval).

Par ce premier acte les habitants n'étaient pas affranchis de la mainmorte ; on peut dire que c'est plutôt un règlement des droits seigneuriaux qu'un affranchissement. Ce ne fut qu'en 1311 que Foulques, devenu maréchal de Bourgogne, prenant en considération « les grands travaux, mésaises, griefs et dommages que ses hommes et ses gens de Rigny ont eus, soufferts et encourus de courses d'armes et de prises de leurs chevaux et de leurs biens par aucuns gens et par plusieurs personnes qui lui estoient nuisans, pour occasion et pour mal de luy ors (maintenant) et à l'advenir, » accorda à tous les habitants *nés de loyal mariage* et à leurs *hoirs* (héritiers), l'affranchissement de la *morte main* avec le droit de succéder aux plus proches parents, ne retenant pour lui et ses *hoirs* que les échuttes (héritages) et demeurances des bâtards et des malfaiteurs exécutés à mort ou exilés de la terre. Ces calamités, dont il est question dans le préambule de cette pièce, sont celles que dut entraîner la lutte qui éclata en 1293 entre Philippe-le-Bel, à qui le comte Othon IV avait, par le traité de Vincennes, cédé l'administration du comté de Bourgogne, et les barons comtois coalisés sous la bannière de Jean de Chalon-Arlay Ier, que l'ambition avait poussé à se faire le champion des prétentions de l'empereur Adolphe de Nassau (Ed. Clerc, tome I, p. 497 et suiv.). Il est probable que Foulques resta fidèle à la cause française, et que dans le cours de la guerre qui couvrit alors le pays de ruines de la Saône au Jura, sa terre de Rigny dut cruellement souffrir, soit par suite du passage des troupes françaises, soit par le fait des courses des barons comtois. Aussi Philippe-le-Bel confirma-t-il cet affranchissement, qui fut aussi vidimé et ratifié, ainsi que l'acte de 1276, par le roi Charles VI, en 1299.

Antoine de Vergy qui, par suite de son mariage avec

Jeanne de Rigny, était devenu seigneur de ce lieu, accorda
en 1405 à Jehan Bugnot dit de Remilly, et à Johannotte de
Lanthe, sa femme, pour eux et pour leurs héritiers,
l'exemption du paiement des dîmes de blé, grains et vins
dues par les autres manants de Rigny, et leur concéda des
droits d'affouage et de futaie dans les bois. Cette exemption
personnelle indique parfaitement quelle était alors la condition des habitants de Rigny, affranchis de la mainmorte,
mais toujours soumis aux redevances et aux prestations
seigneuriales réservées dans la charte de 1276.

Ces actes tracent l'histoire des relations des habitants avec
leurs seigneurs. Les titres dont nous allons donner l'analyse
nous montreront celles qu'ils eurent avec les rois de France.
Philippe-le-Bel et Charles VI, nous l'avons vu, confirmèrent
les traités seigneuriaux d'affranchissement et les priviléges
de Rigny, ce qui semble prouver que cette terre relevait
bien de la couronne de France. Mais comme elle était située
à l'extrémité du royaume, sur la frontière du comté de
Bourgogne et en butte à des attaques et à des courses
continuelles, les rois avaient exempté les habitants des tailles
et subsides royaux nécessités par les guerres contre les
Flamands et les Anglais. C'est ce qui résulte du préambule
des lettres-patentes par lesquelles Charles VII, en '450,
confirma cette exemption. Dans la requête qu'ils adressèrent
au prince pour obtenir ces lettres patentes, les habitants des
villes et châtellenie de Rigny-sur-Saône firent observer
« qu'ils étoient sur les extrémités du royaume, près la
Franche-Comté de Bourgogne, et, à cause de ce, eulx, et leurs
prédécesseurs ont toujours eu de grandes charges à
supporter, des pertes et des dommages à soutenir ; » que
pour ce motif « ils ont été d'ancienneté et passé quarante
ans et plus par les rois de France tenus francs, quittes et
exemps de toutes tailles, aydes et subcydes, et aussi des
gabelles ; » que malgré leur situation difficile sur la frontière

« en très-pauvre et indigent pays, » ils ont toujours été
fidèles et obéissants sujets du roi de France, ce qui leur
mérite bien d'être maintenus dans l'exemption des tailles,
aides et gabelles dont ils redoutent d'être frappés ; que s'il
en était ainsi « à cause des aultres grandes charges et affaires
qu'ils ont à supporter, » ils abandonneraient le pays « et
leurs maisons et mesnages ; » que tous les autres lieux et
villages « d'environ eulx se sont voulu exempter du royaulme
et advouer être de ladicte comté de Bourgogne, pour ce que
en ladicte comté ne courent aucunes aides, tailles et
subsides, » ce qu'ils n'ont jamais voulu faire, « ains se sont
toujours advoués et advouent dudit royaulme de France,
ainsi que véritablement ils sont. » Le roi Charles VII,
prenant en considération leur requête et « voulant préserver
et garder ses subjectz de charges à eux insupportables, et
mesmement lesdicts supplians pour les autres affaires qu'ils
ont, » enjoint en conséquence à ses officiers de l'élection de
Langres de les tenir et faire tenir « quietes et paisibles
desdites tailles, droits de gabelle et autres subcides. »

Ces lettres-patentes furent entérinées au bureau de
l'élection de Langres, le 7 décembre 1452.

A l'avénement de chaque roi, les habitants de Rigny
crurent bon de faire confirmer ces priviléges et franchises.
Il nous reste les chartes octroyées à cet effet par Charles IX
(février 1569), Henri III (mai 1579), Henri IV (avril 1599),
Louis XIII (avril 1612), Louis XIV (novembre 1656), Louis
XV (1720). Dans le préambule de ces actes, il est toujours
déclaré que ces priviléges et immunités sont accordés en
considération de ce que le bourg de Rigny est situé aux
extrémités du royaume voisin de la Franche-Comté, exposé
aux pillages et invasions de gens de guerre, et que ses
habitants se sont toujours maintenus en l'obéissance qu'ils
doivent aux rois de France, comme bons et fidèles sujets.
Dans les lettres de confirmation de Louis XIV, il est dit de

plus que « depuis l'ouverture de la guerre des deux couronnes (entre la France et l'Espagne), ledit village de Rigny,
qui est près de la ville de Dôle, a esté sy fort ruyné par les
armées françoises lors du siége de ladite ville (en 1636), que
les habitans furent contraincts d'en abandonner la demeure
après la démolition de leurs maisons et perte de tous leurs
biens, s'estanz retirez es lieux circonvoisins et subsisté
comme ils ont pu depuis ce temps-là, avec grande misère et
désolation, en sorte que ledit village seroit demeuré désert
et inhabité jusqu'à ce moment, qu'ils désireroient y revenir
et y réhabiter pour faire valloir leurs héritages qui sont en
friches, rétablir leurs maisons abattues et ruinées, afin d'en
pouvoir tirer leur subsistance. »

Ainsi, outre l'intérêt spécial que ces documents présentent
pour l'histoire particulière de la seigneurie et de la commune
de Rigny, ils fournissent des renseignements authentiques
sur les guerres et les invasions dont les rives de la Saône
furent le théâtre du XIIIe au XVIIIe siècle.

(Archives de la Haute-Saône, H, 635.)

**Charte de Charles VI, roi de France, vidimant et confirmant
les franchises accordées aux habitants du bourg de Rigny
par Foulques, seigneur dudit lieu, en 1275 et 1311. (Mars
1398, anc. style; 1399, nouv. style.)**

Carolus, Dei gratia Francorum rex, nostrum facimus
universis presentibus et futuris nos litteras vidisse formam
quod sequitur continentes. « Je Fouques, sire de Rigny,
faictz scavoir à tous ceux qui ces presentes lettres verront
et oiront que je, pour proffict de moy et de mes hommes et
pour l'amendement de mes hommes de Rigny, ay donné et
donne franchise bonne, loyalle et franche à toujours mais à
perpétuité tous mes hommes demeurans à Rigny, et tous
ceux qui soubz moy y vouldront demeurer, de tailles et

prises de ventes, de charrois, de toutes servitudes et de toutes corvées, fors que de trois corvées qu'ils me doibvent trois fois l'an, c'est asscavoir ès fenoisons, en moisson et vendanges, et feur que des corvées de cherrues qu'ils me doibvent trois fois l'an, c'est asscavoir en vain, en resmoy et en sombre, en telle manière qu'ils me doibvent paier chacun an tousiours mais à moy et à mes hoirs pour chacun journal de vain qui sera semé de liniage ou finage dudit Rigny, douze deniers tournois ou estevenans, et pour chacun journal de vain, sombre et remisage, aussy douze deniers de cette monnoye ; pour chacun journal de vigne qu'ilz ont au finage de Rigny, cinq sols de cette monnoye ; aussy pour chacun faux de prey qu'ils ont audit finage douze deniers, et pour chasque feu qui est et sera en ladite ville de Rigny trois solz de la monnoye de susdite et une geline à carmentrand ; et lesdictz deniers tout ainsy comme elle est cy-dessus devisé payeront à chacun an à moy ou à mon commandement le jour de la feste Saint-Remy ; ceste franchise ainsycomme elle est cy-dessus devisé escripte, promect je, par ma foy donnée corporellement sur saincts evangilles pour moy et pour mes hoirs, tenir et garder fermement, sans aller au contraire ny faire aller ny en raquoy ni en apert. Et veult et octroye et convient pour moy et pour les miens que ladicte franchise soit bien et loyamment gardée sans rien défaillir ; et pour ce que ce soit plus ferme chose et mieux stahle, je leur en ai baillé cette lettre pendante scellée de mon scel. Faict et donné l'an mil deux cens soixante et quinze au mois de janvier. »

Item une autre lettre. Je Foucques, sire de Rigny, seneschal de Bourgogne, faictz asscavoir à tous ceux qui ces lettres verront que je, bien scachant et bien advisé, regardant et considerant en bonne foy les grandz travaux, mésaizes et les griefs et dommaiges que nos hommes et mes gens de Rigny ont eus, souffertz et encourus de cours d'armes et prinses de leurs chevaux et de leurs biens par aucuns gens et par

plusieurs personnes qui m'estoient nuisans pour occasion et
pour mal de moy ors et à l'advenir je, pour moy et pour mes
hoirs, en guerdon, en restitution ou recompensation de
touctes les choses dessus dictes, donne et octroye à tousiours
mais de ma bonne volonté et de ma certaine science, sans
aulcune fraulde ou erreur, à tous les habitans et demeurans
et à tous ceux qui habiteront et demeureront en ladite ville
de Rigny qui seront de loyal mariage, et à leurs hoirs, la
morte main ; et veult, octroy et expressément me convient que
de tous ceux qui mourront et trespasseront de ce siècle
doresnavant, leurs demeurances, nul quelqu'il soit ne les
pourra tenir dehors dudit lieu de nostre seigneurie ; et retient
pour moy et pour mes hoirs les eschoittes et les demeurances
des bastards et des bastardes, et de ceux qui seront de fort
faict ou méfaict à moy, ils doibvent estre affollés et souffrir
mort ou estre dissoluz et fournigrez dudit lieu de Rigny ;
toutes lesquelles choses et chacune a par soy dessus dictés
en la manière quelles sont cy dessus escriptes et divisées,
je prometz en bonne foy pour moy et pour mes hoirs à tenir
et garder bien loyallement à tousjours sans aucune occupa-
tion, suppliant et requerant très-excellant prince nostre très-
cher seigneur Monsieur Philippe, par la grâce de Dieu, roy de
France, et par la teneur de ces présentes lettres que par les
choses dessus dictés toutes et chacunes par soy veuille louer,
rattiffier et agréer et conformer par ses lettres pendantes,
scelléés de son scel en cire verte, et pour ce que ce soit ferme
chose et stable, j'ay faict sceller ces présentes lettres de mon
propre scel qui furrent faictes et données à Sainct-Marcel-
lez-Paris, l'an de grâce mil trois cens unze, le jeudy après la
feste Sainct-Bernabé, apostre, au mois de juin.

Quas quidem litteras superius insertas ac omnia et singula
in eisdem contentâ rata habentes atque grata eis et ea
quatenus debitæ factæ seu facta fuerint et quia ante dicti
homines habitantes et commorantes in villa de Rignyo eisdem

et contentis in ipsis pacifica usi sunt volumus, laudamus verifficamus et de nostra gratia speciali plenitudineque potestatis et auctoritate regia seriem presentium confirmamus, mandamus baillivio Senonencis ceterisque justiciariis nostris presentibus et futuris vel eorum locatenentibus et cuilibet eorumdem prout ad eam pertinuit, quatenus supradictos homines habitantes et commorantes in villa pretacta (sic) nostris presentibus confirmatione et gratia uti et gaudere pacifice facient et permitant (sic). Et sy quid in contrarium factum vel atemptatum fuerit, id ad statum pristinum et debitum reducant aut reduci facient visis presentibus in delitate. Quod ut firmum et stabile permaneat in futurum, nostrum presentibus facimus apponi sigillum, nostro in aliis et alieno in omnibus jure salvo. Datum Parisius mense martio anno domini milesimo CCC nonagesimo octavo et de regny nostri decimo nono. Per regem et rellationem consilii. Ainsy signé : Dominicque.

Visa : Je Georges Varlin, demeurant à Gray, tabillion général de mon très-redoubté et souverain seigneur Monseigneur le duc et comte de Bourgogne, sçavoir faictz à tous présens et advenir que j'ay veues, teneues, leues de mot à mot les lettres cy-dessus transcriptes, scollées du grand scel en cire verte pendante en lacs de soye et scellées, collationnées au vray original, lesquelles sont saines et entières en scel et escriptures, sans aucune fracture, rayure ou allujure dont il m'ayt apparu, et en signe de vérité j'ay prié et requis et faict mettre à ces présentes lettres de vidimus, à requeste de Jehan Viennot et Jehan Clerget, demeurans à Rigny, eux disans et portans prudhommes et gouverneurs de ladicte ville de Rigny, le scel duquel on use en la cour et tabellionnage dudit Gray pour mondit seigneur; qui furent faictes et données le unzienne jour du mois de febvrier l'an mil quatre cens trente huit, signé Varlin, avec paraphe; et au doz est escript ce qui

ensuit : Ce jourd'huy vingt-troisième jour du mois d'octobre
mil cinq cens quatre-vingt-quatre, en présence du procureur
du roy en l'élection de Langres et greffier en icelle, collation
a esté faicte des lettres de l'autre part escriptes à leurs vrays
originaux en parchemin, lesditz originaux trouvés sainctz et
entiers en escripture, scel, signature et sigilature, sans aucune
rature ne vice, au pied desquelz originaux pend un scel de
cire verte, lesquelz ont esté exhibez par Jehan Plieure, procureur scindicq des habitans de Rigny et a huy rendus. Faict
à Langres, les an et jour susdit, signé Humbelot, P. H. Nobys,
avec paraphe.

Collationné aux originaux par moy conseiller notaire et
secrétaire du Roy, maison et couronne de France et de ses
finances, Damont.

(Archives de la Haute-Saône, série E.)

**Patentes du roi Charles VII, par lesquelles il exempte les
manents et habitants de Rigny-sur-Saône de toutes
tailles, aides et subsides, en compensation des grandes
charges qu'ils ont supportées pendant les guerres, étant
placés aux extrémités du Royaume, sur les limites du
comté de Bourgogne. (22 décembre 1450. Copie de 1579.)**

(Extrait des registres du greffe de l'élection de Langres.)

(Archives de la Haute-Saône, série E.)

**Entérinement des patentes de Charles VII accordant
diverses franchises aux habitants de Rigny, fait à l'élection de Langres par Bernard Turneau. (7 décembre 1452.)**

(Archives de la Haute-Saône, série E.)

**Charte de Charles IX, roi de France, par laquelle il
confirme toutes les franchises, libertés, privilèges et**

immunités accordés par ses prédécesseurs aux manants
et habitants de Rigny-sur-Saône. (Février 1569).

(Archives de la Haute-Saône, série E.)

Sentence rendue par le lieutenant du bailliage de Langres,
par laquelle, en considération de leurs franchises, les
manants et habitants de Rigny-sur-Saône sont exemptés,
pour le présent et l'avenir, de toutes tailles et autres
charges quelconques. (13 juin 1577.)

(Archives de la Haute-Saône, série E.)

Diplôme du roi Henri III, par lequel il confirme toutes les
franchises, libertés et immunités accordées par ses
prédécesseurs aux manants et habitants de Rigny-sur-
Saône. (Mai 1579.)

(Archives de la Haute-Saône, série E.)

Diplôme du roi Henri IV par lequel il confirme toutes les
franchises, libertés et immunités accordées par ses
prédécesseurs aux manants et habitants de Rigny-sur-
Saône. (Avril 1599.)

(Archives de la Haute-Saône, série E.

Diplôme du roi Louis XIII, par lequel il confirme toutes
les libertés, franchises et immunités accordées par ses
prédécesseurs aux manants et habitants de Rigny-sur-
Saône. (Avril 1612.)

(Archives de la Haute-Saône, série E.)

Confirmation par Louis XIV des franchises, libertés et
immunités accordées aux habitants de Rigny par Charles
VII en 1450, Henri IV en 1599 et Louis XIII en 1612.
Dans ce diplôme on voit qu'après la guerre des deux

couronnes (guerre de Dix-Ans, 1636-1646), le village de Rigny a été complétement détruit, et que ses habitants l'ont abandonné après avoir perdu tous leurs biens. (Novembre 1656.)

(Archives de la Haute-Saône, série E.)

Sept extraits des registres du parlement, de la cour des aides, de l'élection de Langres, du bureau des traites foraines et domaniales de ladite ville, constatant l'enregistrement des lettres-patentes d'Henri III, Henri IV et Louis XIII confirmant les franchises de Rigny.

(1579. — 1599. — 1612. — 1613.)

Huit extraits des registres de la cour des aides, du greffe du bureau des traites foraines et domaniales de la ville de Langres, de celui du grenier à sel de Montsaugeon, attestant qu'en exécution des lettres de franchises accordées par les souverains aux manants et habitants de Rigny, ces derniers n'ont jamais payé de droits de gabelles, ni les droits d'entrée et de sortie des marchandises ; de la cour des aides, portant enregistrement des lettres-patentes de Louis XV confirmant les priviléges et franchises du bourg de Rigny.

(1658, — 1662. — 1717, — 1720.)

Etats des francs-salés du grenier à sel de Langres accordés aux hôpitaux et maisons religieuses, sur lesquels figurent les habitants de Rigny-sur-Saône pour la quantité de quatre misots de sel.

(1681. — 1699.)

Titres concernant l'affranchissement des habitants de Semmadon.

(Archives communales de Semmadon.)

(1337 - 1606 .)

La seigneurie de Semmadon (canton de Combeaufontaine, arrondissement de Vesoul, Haute-Saône) faisait autrefois partie de la vaste terre d'Amance (canton et arrondissement dudit Vesoul); qui, possédée d'abord par l'abbaye de Faverney, passa ensuite dans le domaine des comtes de Bourgogne, comme l'indique le traité d'association conclu en 1276 entre ladite abbaye et Alix de Savoie, comtesse de Bourgogne. Avant cette époque, les comtes ne jouissaient à Amance que des priviléges et émoluments résultant du droit de gardienneté de l'abbaye. Mais depuis 1276 ils y bâtirent un château, l'un des plus considérables du bailliage d'Amont, et exercèrent dans la terre d'Amance tous les droits seigneuriaux.

En 1336, Henri de Bourgogne, descendant de Hugues de Bourgogne, fils aîné de Jean de Chalon l'Antique, était seigneur d'Amance. On sait que ce personnage, malgré les prétentions qu'il pouvait avoir à la souveraineté du comté, fut l'un des plus dévoués et des plus actifs partisans du duc Eudes et de l'influence française dans notre province. Il resta fidèle au duc, lors de la ligue des barons comtois coalisés contre son autorité sous la bannière de Jean de Chalon-Arlay II. Dans cette prise d'armes, il fit des pertes considérables. Son château de Thoraise, au sud de Besançon, fut pris et pillé par Jean d'Abbans à la tête des confédérés et des bandes bizontines. Ce ne fut pas le duc Eudes qui l'indemnisa des dommages qu'il avait éprouvés dans cette circonstance, pas plus que des pertes qu'il devait essuyer plus tard en l'accompagnant en Flandre et en Picardie, pour combattre dans les rangs de l'armée de Philippe de Valois contre les Flamands et les Anglais. Lorsqu'il revint après la trève de 1340, il demanda au duc réparation des dommages qu'il avait éprouvés à son service : « J'étois au château (de Juilly-le-Châtel) avec l'abbé de Faverney, raconte maître Pierre d'Albucey, quand messire Henri de Bourgogne, ostant son heaume pour montrer sa blessure qu'il avoit reçue à Cassel et qui lui avoit crevé un œil, s'avança près de Monseigneur le duc et dit : — Sire, vous tenez ma terre de Chissey et ma autre terre pour 100,000 livres, et vous m'en devez bien 12,000, tant pour le fait de Montcassel que pour les autres pertes que j'ai faites en vous servant; j'en ai les lettres de vos maréchaux; les voilà. Je vous prie de me rendre ma terre; il en est bien temps. — Biau cousin, répondit le duc, ce n'étoit pas mon fait à Cassel et ailleurs, ains celui du roy qui me doit bien 100,000 livres. Sitôt que je pourray estre payé, je vous ferai raison. — Sire, reprit messire Henri, regardez-y, cette réponse ne suffit pas. Car j'étais à votre mandement, non au mandement du roy; je ne puis sigré que vous » (1).

Il paraît vraisemblable que ce fut afin d'augmenter ses revenus qu'en 1337 (le lundi après les bordes, c'est-à-dire le premier dimanche de carême, 1336 ancien style), il affranchit « les hommes, femmes et habitans de Sainct-Madou, demeurans et à demeurer desoubz luy en ladite ville, de toutes messageries de porter lettres, de faulconniers, de gîte de seigneurs et de chiens, de guet, de charrois et de toutes corvées de faulcilles et de faulx, et de toutes aultres servitutes, excepté l'ozt et la chevaulchée, » moyennant la

(1) *Essai sur l'histoire de la Franche-Comté*, par Ed. Clerc, t. II, p. 68.

redevance annuelle de douze sols estevenins par chaque
bête trabante, bœuf, vache, cheval ou âne, d'une poule par
chaque feu à carmentrand et de douze sols estevenins par
chaque feu n'ayant pas de bêtes de somme. Le produit de
ces redevances devait sans doute être supérieur, au point de
vue pécuniaire, aux avantages matériels que le seigneur
pouvait retirer des prestations abolies. Il ne se réservait que
l'ost et la chevauchée, obligeant ses sujets à l'accompagner
dans les expéditions militaires auxquelles il prendrait part
dans l'étendue du comté de Bourgogne, et à conduire ses
bagages à une distance qui, d'après les coutumes de la
province, ne devait pas excéder vingt lieues. On comprend
qu'à raison des guerres et des prises d'armes incessantes
qui désolaient alors la Franche-Comté, Henri de Bourgogne
ait retenu ce droit militaire.

Dans cette charte, il n'est pas question de l'abolition de la
mainmorte. Les habitants avaient-ils été précédemment
affranchis de cette servitude ou bien y restèrent-ils soumis?
Nous admettons plus volontiers la première hypothèse,
car en 1368, quand Jehan de Bourgogne confirma les franchises accordées par son père, il dit expressément qu'il ne
retient sur lesdits habitants « que la justice et la signorie; »
la mainmorte ne semble pas avoir été comprise dans cette
réserve.

Ce Jehan de Bourgogne eut une vie encore plus agitée
que celle de son père. A la mort de son cousin le jeune duc
Philippe de Rouvres, Marguerite, grand'tante du jeune
prince, hérita légitimement de l'Artois, de la seigneurie de
Salins et du comté de Bourgogne, tandis que le duché revint
au roi de France Jean II, qui allait commettre la grande
faute politique de le détacher de nouveau de la couronne
pour le donner à son fils Philippe-le-Hardi. Jehan de
Bourgogne tenta de disputer à Marguerite d'Artois le titre de
comtesse palatine, et, pour atteindre son but, ne craignit pas

de s'allier aux Grandes Compagnies et de soulever la bour-
geoisie des villes de Gray et de Jussey. Mais il fut vaincu
(1362) et les villes qui avaient suivi son parti furent frappées
d'amendes considérables (1). De ses deux femmes, Marie de
Châteauvilain, morte en couches au mois d'octobre 1366, et
Marguerite de Joinville, fille d'Henri comte de Vaudemont
et de Marie de Luxembourg, il n'eut pas d'enfant apte à lui
succéder. Par son testament (2), il fit de nombreuses donations à l'abbaye de Faverney, où il choisit sa sépulture. A
sa mort, en 1373, tous ses biens passèrent à sa sœur
Marguerite, qui avait épousé Thiébaut VII, seigneur de
Neufchâtel. En 1516, Fernand de Neufchâtel, en qualité de
seigneur d'Amance et de Semmadon, confirma les franchises
octroyées par ses prédécesseurs, se réservant toujours l'ost
et la *chevauchée*, mais exemptant les habitants des *menus
emparements*, c'est-à-dire de l'obligation de travailler aux
réparations du château-fort d'Amance.

Par héritage, la terre d'Amance arriva des Neufchâtel à la
famille de Rye, dont l'un des membres, Marc, affranchit en
1553 les habitants de Semmadon de l'*ost* et la *chevauchée*,
« servitudes et prestations qu'ilz ont déclaré et remonstré
leur estre insupportables, et que à icelle estoit impossible
satisfaire et fournir pour le petit nombre d'eulx et pauvreté
dont ilz sont chargés. » Cette concession toutefois ne fut pas
gratuite ; les habitants s'engagèrent à payer pour se libérer
une somme annuelle de quarante livres estevenins à la
Saint-Martin d'hiver, entre les mains du receveur de la
seigneurie, avec la faculté de la répartir entre eux, le tout à

(1) Voir : *Essai sur l'histoire de la Franche-Comté*, t. II, p. 125,
et nos *Recherches sur les incursions des Anglais et des Grandes Compagnies dans les deux Bourgognes*, pp. 70 et 71.
(2) Archives de la Haute-Saône, H, 397.

peine, en cas de non paiement, de l'amende de deux sols
estevenins applicable à chaque habitant.

En 1606, un des successeurs de Marc de Rye, Christophe
de Rye de la Palu, marquis de Varambon, comte de Varax,
de la Roche et de Busançois, baron et seigneur de Neufchâtel,
Villersexel, Saint-Hippolyte, la Franche-Montagne, Malche,
Châtelneuf, et dame Eléonore Chabot, sa femme, marquise
et dame desdits lieux, Amance, Saint-Madon (Semmadon),
confirmérent « toutes immunitez, franchises et exemptions »
accordées par les chartes que nous venons d'analyser, et
ordonnèrent qu'elles seraient insinuées dans les registres des
actes extraordinaires du bailliage d'Amont. Ces registres ont
péri probablement dans l'incendie qui détruisit, en 1737, les
halles et le palais de l'hôtel de ville, où se rendait la justice
à Vesoul. Mais, heureusement, nous avons découvert parmi
les papiers déposés à la mairie de Semmadon une copie
authentique du procès-verbal d'insinuation de ces titres,
dressé par Nicolas Jacquinot, lieutenant général dudit
bailliage, procès-verbal suivi de la transcription de documents qui ne manquent pas d'intérêt pour l'histoire franc-
comtoise.

**Procès-verbal d'insinuation sur les registres du bailliage
d'Amont des titres concernant l'affranchissement des
habitants de Semmadon.**

Nicolas Jacquinot, docteur es drois, sieur d'Aulxon, Mont,
Rozières, etc., lieutenant-général de M. le bailly d'Amont au
siége de Vesoul, savoir faisons que le jourd'huy datte de
cestes, séant en jugement, ont comparuz les manans et
habitans de Sainct-Madon par honorables Jacques du Bois et
Claude Mignot leurs cohabitans, assistés de Claude Clerc,
docteur es drois, et Jean Foyot, leur advocat et procureur,
lesquelz, par la voix dudict sieur docteur Clerc, nous ont

remonstré que comme le lieu de Sainct-Madon dépend de la
seigneurie d'Amance, il auroit pleu aux sieurs dudict
Amance leur fère diverses franchises, mesme Henry de
Bourgogne, Jehan de Bourgogne, Fernande de Neufchastel
et Marc de Rye, rapportez es escriptz qu'ils en avoient, et
lesquelles franchises avoient esté appreuvées et rattifiées
par les seigneurs dudict Amance et Neufchastel, par illustre
seigneur messire Christophe de la Palud dit de Rye, chevalier,
marquis de Varambon, comte de Varaix, la Roche, etc.,
seigneur de Villersexel, dudict Amance, etc., et par haute
puissante dame Eléonor Chabot, dame desdicts lieux, Neufchastel, etc. Lesquelz ayant vu lesdictes franchises et
entendu la teneur par la lecture qu'ils en avoient faict faire,
auroient appreuvé et rattifié icelles et auroient voulu
qu'iceulx fussent condamnez à l'observance, accomplissement
et entretien desdictes franchises, selon qu'il en apparoissoit
par les lettres de confirmation desdictes franchises cy-après
insérées, dont lesdicts supplians nous ont faict apparoir,
nous requérant qu'il nous pleust ordonner que lesdictes
franchises et confirmation d'icelles fussent insinuées es actes
de ceste court afin de perpétuelle mémoire et pour y avoir
recours en cas de besoing, avec déclaration que les copies
en prinses et signées par l'un des collibellances ou jurez
leur vauldroient comme les originaulx ; aussy qu'eussions à
condamner lesdictz seigneurs et dame à l'observance et
entretien desdictes illustres franchises. Sur quoy s'est
présenté maistre Jean Lamy, postulant audict siége, procureur desdicts sieur et dame, lequel a déclaré qu'en vertu
du procuratoire d'iceulx seigneur et dame, il consentoit es
fins et réquisitions desdicts habitans de Sainct-Madon, et que
lesdicts seigneur et dame fussent condamnés. Suyvant quoy,
parties ouyes, avons condamné et condamnons lesdicts sieur
et dame à l'observance et entretien desdictes franchises,
aisant pour ce d'office litiscontestation, conclusion et insi-

nuation en cause ; déclairons qu'icelles franchises seront insinuées aux actes de céans afin de perpétuelle mémoire, et que les copies qui en seront prinses et extraicts qui seront debuement collationnés et 'gnés par l'un des collibellançes en ce siége, leur vauldront à l'advenir comme les originaulx. Donné judicialement audict Vesoul, es jours locaulx par nous y tenuz, le mardy vingt-septième jour du mois de juin de l'an mil six cens et six.

S'ensuyvent les traictés, accordz et franchises dont mention est faite cy-devant.

Nous, Henry de Bourgougne, façons sçavoir à tous que pour nous et pour noz hoirs avons accensé et aboné les hommes, femmes et habitans de Sainct-Mardon, demeurans et à demorer dessoubz nous en ladicte ville Sainct-Mardon, par la manière que s'ensuit : Premièrement, nous voulons et octroions que chacune beste trahans à charrue, soit bues, vaches, chevals ou asnes, soit quitte par douze solz estevenans ou aultre monoie à la valeur, chascun an paiant une fois à nous ou à nostre commandement en ladicte ville de Sainct-Mardon, le jour de feste Sainct-Martin d'hyver, et chascuns feus la géline de carementrand, et cilz que ne auroit beste trahante, chascun feus seroit quitte par douze solz de ladite monnoie payans chascun an audict terme. Et parmi ce, nous volons et octroions que lesdicts habitans soient francs et quittes de toutes messageries de porter lettres, de faulconniers, de geite de seigneurs et de chiens, de gaites et de charrois, et de toutes corvées de faulcilles et de faulx, et de toutes aultres servitudes, excepté l'otz et la chevaulchée sur lesdiz habitans que nous retenons pour nous et les nostres. Et ce leur promettons en bonne foy tenir et garder fermement sans corruption. En tesmoignage de laquelle chose nous avons mis nostre scel pendant en ces présentes lettres, faictes et données le lundy après les bordes, l'an mil CCC trente-six. Lesquelles lettres sont scelées d'un viel scel pendant à double

queuehe de parchemin mis en une boëtte de bois, icelluy scel
estans quelque peu rompu, où il y a une aigle en cyre brune
tirant sur le verd.

Jehan de Bourgougne, dam:.;els, à tous ceulx qui verront
et orront ces présentes lettres, salut. Les lettres de très-
bonne mémoire mon très-cher seigneur et père Monseigneur
Henry de Bourgougne, cuy Dieu pardoinne, ay veúes seines
et entières en scel et escriptures, contenans la forme qui
s'ensuyt. (Suit la teneur de la charte rapportée ci-dessus.) —
Lesquelles lettres dessus transcriptes, je Jehan de Bourgougne dessusdit, à la prière et requeste desdiz habitans
mes hommes et femmes dudict Sainct-Mardon, lesquelx à
grand instance m'ont requis et supplié que je leur ouctroye
confirmation de leurs franchises ; je, pour moy et mes
successeurs, de grâce espéciale, leur confirme et agrée et leur
promet de tenir en leur force et vertu sans corrompre,
retenu à moy et à mes hoirs ma justice et signorie sur
lesdis habitans. En tesmoing de laquelle chose y ai faict
mestre mon scel en ces présentes lettres de confirmation,
que furent faictes et données à Amance le premier jour du
mois d'octobre l'an mil trois cens soixante et huict. Lesquelles
lettres sont sceléez d'un scel en cire rouge entier estant mis
en une boëtte de bois à double queuehe de parchemin
pendant, annexées aux premières cy-dessus ; auquel scel
sont insculpées deux aigles, l'une droitte et l'aultre de
travers, et deux lyons, l'un deça et l'aultre de là de ladicte
aigle droite.

Nous Fernande de Neufchastel, chevalier, seigneur dudict
lieu, Montagu, Amance, Villafans, etc., sçavoir faisons à
tous que nous avons vehues, tenues et leuttes de mot en
mot les lettres de franchises et d'abonnement, sainnes et
entières en scel et escripture, de très-bonne et excellente
mémoire Henry de Bourgougne e' de Jehan de Bourgougne,
son filz, que Dieu absoillent, noz prédécesseurs, de long

temps données et ouctroyées ès hommes et femmes habitans
de nostre ville de Sainct-Mardon, demeurans et à demeurer
dessoubz nous en ladicte ville, ausquelles ces présentes sont
annexées et affixées, lesquelles lettres données et ouctroyées
comme dit est ausdictz habitans de Sainct-Mardon, voulons
et ordonnons demeurer en leur force, vigueur et valeur;
nous ledict seigneur Fernande de Neufchastel, dessus
nommé, veuillant de tout nostre pouvoir entretenir et
accomplir en ce et en aultres choses tout ce que par nós
dictz prédécesseurs ha esté faict, louhé, accomply, promis
et passé aux prières et requeste desdicts habitans noz
hommes et femmes dudict Sainct-Mardon, lesquelz nous ont
à grande instance requis, prié et supplié leur vouloir
confirmer et rattifier leursdictes lettres de franchises et
d'abonnement, nous pour ces causes et aultres à ce nous
mouvans et de grâce espéciale, pour nous, noz dicts hoirs
et successeurs et ayans cause, lè tout par la forme et manière
et selon le contenu desdictes lettres de franchise et d'abonnement; et voulons que lesdictz habitans dudict Sainct-
Mardon, nosdictz hommes et femmes, demeurans et à
demeurer audict lieu, leurs hoirs, successeurs et ayans-cause
soient francs, quittes et exemps de tous menus emparemens
et de toutes aultres servitudes quelconques, excepté
seullement l'otz et la chevaulchée que nous retenons pour
nous, nos hoirs, successeurs et ayans-cause. Promectans
nous ledict seigneur de Neufchastel, dessus nommé, en
bonne foy et soubz l'obligation de tous nos biens meubles et
immeubles et de ceulx de noz hoirs, successeurs et ayans-
cause présens et advenir quelconques, ceste présente
ratiffication et tout le contenu en cesdites présentes lettres,
tenir, entretenir, maintenir, faire garder et observer perpétuellement sans jamais ou temps advenir la corrompre, aller
ne venir, ne faire aller ne venir, pour nous, nosditz hoirs,
successeurs et ayans-cause, au contraire, eu quelque

manière que se soit. En tesmoinaige desquelles choses nous
avons signé ces présentes de nostre nom et seing manuel,
et faict sceler de notre scel secret armoyé de noz armes en
cire vermeille, avec le signet manuel du notaire et tabellion
général nostre secrétaire cy mis en signe de vérité et
consentement des choses dessusdictes. Donné en nostre
chastel dudict Amance, le vingt-sixième jour du mois de
juin, l'an Nostre Seigneur courant mil cinq cens et seize.
Ainsi signé : A. de Neufchastel et L. Garneret. Lesdictes
lettres scelées d'un scel en cire rouge et vermeil, escriptes
en parchemin, estans annexées aux aultres deux ci-devant,
auquel scel (qu'est sain et entier) sont les armes dudict
sieur Fernande de Neufchastel.

Nous Marc de Rye, chevalier, seigneur de Disay, Amance,
Montagu, Bourguignon, Poinsson, etc., sçavoir faisons à tous
présens et advenir, comme il soit que noz hommes et
subjectz du lieu de Sainct-Mardon, dépendans de nostre
seigneurie dudict Amance, nous fussent entre aultres
servitudes et redevances subjectz et tenus à la prestation de
l'otz et chevaulchée, qu'estoit que toutes et quantes fois que
par le comte de Bourgougne nous soïons mandé pour son
exercice militaire à l'encontre de ses ennemys, nosdicts
subjectz de Saint-Mardon y manans et résidans estoient tenus
conduyre et mener audict exercice militaire noz hardes et
bagaiges à nous nécessaires, selon que par l'arrest qu'en
avons depièça obtenu à l'encontre d'eulx à la court souve-
rainne de parlement à Dôle et exécution d'icelluy appert et
peult apparoir. Ainsi est que désirans iceulx nosditz subjectz
relever de telle servitude et prestation qu'ilz nous ont
déclaré et remonstré leur estre insupportable, et que à icelle
leur estoit impossible satisfaire et fournir pour le petit
nombre d'eulx et pauvreté dont ils sont chargés, nous
supplians et remonstrans humblement en ce les vouloir
soulager et quicter, et remestre ladicte servitude de l'otz et

chevaulchée, inclinant à leur quelle remonstance et supplication, et à ce de les accommoder et donner moyen plus
aysément à l'advenir vivre en nostredicte seigneurie, tant
en nostre nom que pour et au nom de Claude-François de
Rye, nostre très-chier et bien-aymé filz, et nous pourtant et
faisant fort de luy, promectant luy faire ratiffier le contenu
cy-après escript toutes et quantes fois que mestier sera et
requis en serons par nosdictz subjectz absens, Jean Picquenet,
Hugues Fyard, Guillemin Richardet, Jean Cabasset, Jean
Bijoley, Martin Treullet, Jaquot Pouthier, Thevenin Treullet,
Jean Rouhier dict Rouhot, Jean Demougin le jeune, Jean
Huguenel, Jean Hymbelot, Jean Maillard dict Gousset,
Didier Fyard, Jacquot Byotey, Jean Menu, Jean Gilley,
Anthoine Humbelot, Jean Dubois, Claude Olivier, Nicolas
Maillard le vieil, Noël Malain, Jean de Lestang, Claude
Jouffroy, Jean Lescornel, Nicolas Doz, Pierre Joly, Jean
Gauthier le vieil, Jean Verdey, Claude Desbanlays, Nicolas
Gauthier et Claude Deshault, tous manans et habitans dudict
Sainct-Mardon, nosdictz subjectz, et faisans et représentans
plus que les deux partz du corps de tous les aultres manans
et habitans dudict Sainct-Mardon nosdictz subjectz, pour
eulx et lesditz absens et chascun d'eulx, et pour leurs hoirs,
successeurs et ayans-cause qui seront à l'advenir manans et
résidans, et qui demeureront et résideront audict Sainct-
Mardon, tant hommes que femmes, présens, stipulans,
acceptans et agréablement recepvans, remis, quité et relaxé,
quictons, remectons et relaxons par ceste dez maintenant
pour l'advenir ladicte servitude et prestation de l'otz et
chevaulchée pour nous, nostredict filz et nos hoirs, successeurs et ayans-cause, seigneurs dudict\Amance, sans que à
perpétuité nous les puissions à ce contraindre en façon et
manière que ce soit, combien que fussions expressément
mandé par comte de Bourgougne en expédition et exercice
militaire, parmy et moyennant que lesdictz habitans dudict

Sainct-Mardon et que à l'advenir demeureront et résideront
et seront manans et résidans dudict Sainct-Mardon, hommes
et femmes, leurs hoirs et successeurs noz subjectz seront
tenus nous payer chascun an, bailler et délivrer audict
Sainct-Mardon, à notre recepveur ou commis, pour ledict
droit de servitude de l'otz et chevaulchée et en nom d'icelle,
chascun jour de feste Sainct-Martin d'hyver, la somme de
quarante livres estevenans monnoye courant en Bourgougne,
à peinne de recouvrer sur chascun d'eulx l'amende de deux
solz estevenans applicable et à nostre prouffict, en cas de
deffault de payement. Et pour la percepvoir et relever seront
tenuz nosdictz subjectz, manans et habitans dudict Sainct-
Mardon, donner un roole à nostredict recepveur et commis
ledict jour Sainct-Martin, contenant le nombre des feugs,
manans et habitans dudict Sainct-Mardon, afin qu'ilz puissent
plus sûrement recouvrer et percepvoir d'eulx lesdictes
quarante livres et amendes que seront commises par les
défaillans. Et commencera le premier terme et payement de
ladicte somme desdictes quarante livres estevenans au jour
de festé Sainct-Martin d'hyver prochain venant, et deslà en
avant perpétuellement à tel et semblable jour et terme à
peinne que dessus. En oultre ce, nous ont nosdictz subjectz
de Sainct-Mardon payé, baillé et délivré contant réallement
et de faict, pour une fois et une partie des frais qu'avons
supporté à l'encontre d'eulx, la somme de cinquante escus
d'or au soleil, dont nous en sommes tenus pour contans et
les en quictons pour eulx et leurs hoirs, successeurs et ayans-
cause, et dudict droit de servitude, de l'otz et chevaulchée
nous somes désistés et départis, moyennant ladicte somme
de quarante livres dessus déclairés, au prouffict de nosdictz
subjectz et de leurdictz successeurs, manans et résidans, et
qui demeureront et résideront audict Saint-Mardon. Promectons oultre ce, nous ledict seigneur dessus nommé, par
nostre serment es mains des notaires soubscriptz et soubz

l'obligation de tous et singuliers noz biens et ceulx de noz hoirs, successeurs et ayans-cause pour ce submis et obligés aux cours et juridictions de l'empereur, duc et comte de Bourgougne, nostre souverain prince et seigneur, tenir quictes à l'advenir dudict droit de l'otz et chevauchée nos dictz subjectz, moyennant lesdictes quarante livres de rente annuelle comme dit est, et de faire ratiffier ledict Claude-François de Rye, nostre filz, et oultre accomplir et inviolablement observer tout le contenu es présentes, renonçons à tous objectz tant de droit, de faict, tel que de coustumes que l'on pourroit dire et proposer au contraire mesme au droit, disant que généralle renonciation ne vault si l'espécial ne précède. En tesmoinaige desquelles choses et à ce qu'elles soient plus fermes stables, nous avons scelé cestes de nostre scel et faict mectre et apposer à icelles les scel et contre-scel desquelz l'on use en la court du bailliage d'Amont ou ressort de Vesoul pour la maïesté de l'empereur, pour corroboration, fermeté et validité desdictes présentes lettres. Que furent faites, données, couchées et passées audict Amance, au jardin devant le chasteau, le dix-huictième jour du mois de may l'an mil cinq cens cinquante-trois. Présens : discrettes personnes messires Cathelin Coger et Bastien Meulle, dudict Amance, prebtres, Martin de Mugnans, escuyer, Jean Garmier, dudict Amance, et Guillemin Coillin, de Tencey, notaire, tesmoins appelés et espécialement requis. Ainsi signé : Marc de Rye, N. Banard et J. Bonlot.

Confirmation desdictes franchises par Monseigneur le marquis de Varambon et dame Léonore de Chabot, sa femme, en l'an 1606.

Affranchissement des habitants de La Villeneuve.

(1339-1405.)

(Archives communales de La Villeneuve.)

En 1339, Jehan d'Oiselay, seigneur de La Villeneuve, affranchit les habitants de cette localité de « toute morte-main et succession de seigneur. » Il leur accorda en outre le droit d'affouage et « les aisances ou mort bois » en tous ses bois, excepté derrière le châtel ; les exempta de toutes corvées et charrois forcés, moyennant l'obligation d'héberger les gentilshommes qui viendraient dans cette localité pour les affaires du seigneur, ainsi que leurs chevaux, pour le prix de quatre deniers ; enfin abolit le droit dit « coup de bâton » dont il jouissait sur lesdits habitants (1).

Ces franchises furent confirmées en 1405 par Guillaume d'Oiselay, qui accorda, en outre, auxdits habitants le droit de *paissonner*, c'est-à-dire de mettre à la glandée dans les bois seigneuriaux autant de porcs qu'ils le jugeraient convenable, moyennant la redevance annuelle d'une quarte d'avoine par porc.

L'original de cet affranchissement a disparu. Il ne nous est connu que par une copie très-défectueuse déposée aux archives communales de La Villeneuve.

Teneur de l'affranchissement de La Villeneuve.

Nous, officiaux de la cour de Besançon, faisons sçavoir à tous que pardevant nostre amé et feal chappelain Jean Froissardey, de Colombier, prebtre, notaire et juré de nostre

(1) Malgré les plus minutieuses recherches, il nous a été impossible de préciser la nature de ce droit, qui paraît avoir été spécial à cette localité.

dite cour, nostre commandement spécial auquel, quant aux
choses écrittes et a plus grand, nous avons commis et commettons nostre foi par ces présentes lettres, et lui avons
ajouté et ajoutons foi plénière pour ce; en droit personnellement établi et à ce spécialement venant noble damoisez
Guillaume d'Oiselay, seigneur de La Villeneuve, lequel
Guillaume, seigneur dessusdit, a connu et confessé
publiquement en droit pardevant nostre juré et les témoins
dessous écrits, comme les habitans du bourg de ladite
Villeneuve lui ont dit et fait dire et exposer que de très-
longtemps feu noble damoisez Jean, seigneur lors d'Oiselay
et de ladite Villeneuve, avoit donné et octroyé, pour plusieurs
causes raisonnables à ce mouvant, aux habitans de ladite
Villeneuve, que lors étoient présens, pour eux et leurs hoirs
et successeurs, plusieurs libertez et franchises, desquelz
lesdits habitans, leurs hoirs et successeurs et lesdits
exposans avoient jouis et usez notoirement sans aucun
empeschement ni contredit jusqu'au présent. Et encore tous
par la forme et manière qu'elles furent faites et données,
octroyées et écrittes en lettres, sur ce faites et passées sous
le scel de Besançon et dudit seigneur d'Oiselay, desquelles
lettres la teneur en suit de mot en mot.

Nous, officiaux de la cour de Besançon, faisons sçavoir à
tous qu'en la présence de Perrin d'Amoncourt, prêtre de
l'autorité du Saint-Empire de Rome et de la cour de
Besançon, notaire juré, nostre commandement spécial,
auquel quant es choses cy-après écrittes et à plus grandes
nous avons commis et commettons nostre [pouvoir], et nous
avouons et ajoutons foy pleine en cette partie pour ce, et en
tout personnellement establiz et à ce spécialement venant,
noble damoisel et sage Jean sire d'Oiselay, d'une part, et
plusieurs des habitans du bourg de La Villeneuve, d'autre
part, a confessé ledit sire d'Oiselay et publiquement reconnu
en droit pardevant nostre commandement, luy avoir fait,

ordonné et accordé les choses en la manière que s'ensuivent.
C'est à sçavoir que ledit sire d'Oiselay a donné et donne
pour lui et pour ses hoirs, regardant et considérant l'évident
proffit de lui et des hoirs, veut et octroye perpétuellement
que tous les habitans, demeurant et qui habiteront et
demeureront au bourg de La Villeneuve, et leurs hoirs,
soient francs et quittes de toute morte-main et succession
de seigneur, et que ledit sire d'Oiselay, ni ses hoirs et
successeurs n'ayent jamais morte-main des habitans dudit
bourg de La Villeneuve, mais ayent toujours leurs successions
lesdits habitans à leur plus prochain lignage. Encore
donne et octroye ledit sire d'Oiselay esdits habitans dudit
bourg et à leurs hoirs, que un chacun d'eux de tous ceux
qui habiteront et demeureront audit bourg soient quittes
parmi les censes et dettes qu'ils doivent et donnent au jour
qu'ils entrent audit bourg pour faire leur habitation et
demeurance. Et au cas qu'aucun de leurs se formarioient
ou partiroient, ou desserveroient l'un de leur et l'autre pour
cause de partage, et que tout le partage ne payasse telle
rédévance de dettes toutes ensembles, comme faisoit le
principal chasaux ou meix, et que mouvoit ou pouvoit
mouvoir . . . . Encor a donné et donne ledit sire
d'Oiselay, pour lui et pour ses hoirs, esdits habitans dudit
bourg, pour leurs aisances de leurs hôtels et maisons dudit
bourg, fouages et aisances au mort bois en tous ses bois,
exceptés le bois derrière le châtel de ladite Villeneuve et
ledit mort bois. Il leur a donné pour eux et pour leurs
hoirs, en tous sesdits bois, sans lever ny exiger amendes
de leurs. Encor veut et octroye ledit sire d'Oiselay, esdits
habitans dudit bourg, qu'ils ne soyent tenus de faire charrois
ny corvées, mais que de leurs propres volontés, et que on
ne les puisse contraindre de faire faire. Encor veut et octroye
ledit sire d'Oiselay, du consentement et assentement de
plusieurs prudhommes présens et octroyant, que lesdits

habitans soient tenus de héberger les gentilshommes qui
viendront en ladite Villeneuve pour la besogne dudit
seigneur de La Villeneuve [un roussin], nuit et jour, de
foings et litière pour quatre deniers. Encor a voulu et octroyé
ledit sire d'Oiselay, veut et octroye pour lui et pour ses
hoirs n'ayent point le coup de bâton sur lesdits habitans
dudit bourg, en la manière que il ne les . . . . en la
ville dudit bourg de La Villeneuve . . . . Abolit ledit
coup de bâton perpétuellement esdits habitans dudit bourg.
Et toutes les choses susdites et une et chacune d'icelles par
foy a promis et promet ledit sire d'Oiselay fermement tenir
et garder pour lui et ses dits hoirs, esdits habitans dudit
bourg pour leurs hoirs et pour leurs successeurs, par son
léal serment pour ce donné corporellement en la main de
nostredit commandement, sans jamais aller au contraire par
lui ne par autrui, et sans consentir que autres y viennent
ou . . . . au contraire; soubmettans quant aux choses
dessusdites fermement tenir et garder, lui, ses hoirs, et
tous ses biens meubles et non meubles présens et avenir en
la juridiction et cohercition de la cour de Besançon et de
toutes autres cours d'Eglise et séculières, pardevant lesquelles
que quérelles en soient mehues et spécialement lui être
contraint par sentence d'excommunication, aucunes exceptions nonobstant. Renonceant en fait ledit sire d'Oiselay à
toutes exceptions, mal de barast, de fraude, de lézion, de
circonvention et de décévance, à tous droits écrits et non
écrits, de loix et de canons au droit, disant que générale
renonciation ne doit valoir à l'exception des choses susdites.
. . . . Ainsi été fait, couché, promis et accordé, et
généralement à toutes autres exceptions, allégations de fait,
de droit et de coutume, que toutes les présentes lettres
pourroient être dites et exposé. En tesmoings de laquelle
chose nous, officiers dessusdits, à la relation de nostre
commandement digne de foy, avons fait mettre nostre scel

de ladite cour de Besançon en ses présentes lettres, ensemble le scel dudit seigneur ; et je Jean sire d'Oiselay, confirmant, ratifiant, agréant et approuvant toutes les choses dessus dites, ay mis mon scél pendant en ses présentes lettres, ensembles le scel de ladicte cour de Besançon. Fait et donné ; présens messire Thomas de Présentevillers, maire de Lure, Regnault de Germigney, escuyer, Richard de Vesoul, fils au trésorier, Clerc et plusieurs autres dignes de foy, le mercredy après la fête Sainte-Luce, au mois de décembre l'an Nostre Seigneur le miliaire courant par mil trois cens trente-neuf. Ainsi signé : P. de Amoncourt.

Lesquels pour ce qu'il y a longtems qu'elles furent faites et scellés, lesdits scels sont effacés et perannés tellement qu'à peine les peut-on lire et lesdits scels de pièces et rompus ; pourquoi lesdits officiers doubtant avoir dommages au temps advenir parce qu'ils ne pourroient montrer par écrit les franchises, l'on leur voulu calomnier, et qu'ils les puissent prendre à tout le moins en partie au temps advenir. Et pour ce ont humblement supplié et requis lesdits habitans audit Guillaume d'Oiselay, seigneur de ladite Villeneuve, que lesdites franchises et libertés il leur voulut reconnoïtre, remettre et récrire en bonnes lettres et suffisantes copies, et en outre que es bois de ladite Villeneuve leur voulut donner et octroyer faculté et puissance de paissonnage pour paissonner leurs porcs tout en tant que mettre leur plaira, proposant aussi lesdits habitans plusieurs censes raisonnables movant dudit seigneur de La Villeneuve. Après laquelle supplication lesdites lettres de fait dudit damoisel ont esté montrées et baillées es mains dudit seigneur pour les voir et visiter, et icelles estre tenues en ses mains longtems, et après ce, lesdits exposans estant pardevant lui pour cette cause à bon avis et longue délibération de conseil qu'il a sur ce [apparu], à lui informé que véritablement lesdits habitans ont toujours jouis desdittes

libertés, et que venir au contraire des choses susdites seroit
occasion et cause de défournir le lieu de La Villeneuve, et
pourroit être mémement que autres des lieux étrangers à
cette cause y viendroient demeurer et sy amasser. A [de bon
propos et certain science confirmé comme bien il fait]
toutes les franchises, droits, libertés, coutumes et escrits de
lettres dudit fut damoisel comme dessus transcrites, a
reconnu et reconnoît ledit Guillaume d'Oiselay, seigneur
dessusdict, et aussi les jouissances et usances telles que
dessus, dont lesdits habitans ont jouys et usés tous leurs
temps et aussi de leurs prédécesseurs et encore font du
présent. Et pour ce que lesdits exposans, leurs hoirs et
successeurs en puissent montrer enseigne au temps advenir
lettres et enseignements que ne leur fut à préjudice et qu'ils
n'en fussent dommagés, ledit Guillaume d'Oiselay, seigneur
dessusdit, leur a donnés, cédez et octroyez, et par ses
présentes lettres donne, cède, concède et octroye pour lui,
ses hoirs et successeurs et pour les ayans-cause de lui,
esdits habitans pour eux et pour leurs hoirs et successeurs
et pour les ayans-cause d'iceux à toujours mais, toutes et
singulières les libertés et franchises, droits, jouissances et
usances contenues et escrittes esdites lettres dudit fut
damoisel, ainsi et par la manière cy-dessus écrittes et
divisez. Et d'abord ains ledit Guillaume, seigneur dessus
dict, a voulut et consentit, veut et consent par ses présentes,
dès maintenant pour et à toujours mais, pour lui, ses hoirs
et ayans-cause de bon propos et à certaine science telle que
dessus, et pour plus faire le lieu de ladite Villeneuve habitable,
que lesdits habitans et exposans pour eux, leurs hoirs et
successeurs ayent, jouissent et doivent avoir le paissonnage
pour mettre et paissonner leurs porcs, tout ce que paissonner
voudront, en tous les bois de ladite Villeneuve, excepté au
bois bannal derrière le châtel d'icelle, toutes et quantes fois
que paisson auroit esdits bois, un chacun porc pour une

quarte d'avoine qu'ils seront tenus rendre et payer audit seigneur ou à son commandement chacun en toutes et quantes fois qu'ils envoyeront leurs porcs esdits bois pour paissonner le jour de la Nativité Nostre Seigneur, à la mesure de La Villeneuve.

Lesquelles choses toutes et singulières dessusdictes et divisées, tant par la forme et manière que cy-dessus sont écrittes, dictées et divisées, ledit Guillaume d'Oiselay, seigneur dessusdict, a ainsi connu et confessé par ses présentes lettres, connoît et confesse avoir ainsi fait, passé, couché et interinné pour lui et ses hoirs, esdits habitans dudit bourg de La Villeneuve, pour eux et leurs hoirs et successeurs à toujours mais, pour le prix et pour la somme de quarante et un florins d'or et en bon or et de juste poids, qu'il en a confessé avoir eut et receut bien, réellement et entièrement desdits habitans, tant que de eulx il s'est tenu et tient pour bien content et en a quitté et quitte par les présentes eulx et leurs hoirs et successeurs, et tous autres à qui quittance en peut et doit appartenir. Promettant ledit Guillaume d'Oiselay, pour lui et ses hoirs et successeurs, par son serment pour ce donné corporellement es mains dudit notaire juré, solennelle et légitime stipulacion sur ce intervenue et sous l'hypothèque générale et spécialle obligation de tous et singuliers sesdits biens et des biens de ses hoirs, meubles et non meubles, présens et advenir quelconque, lesquelz quant à ce ledit Guillaume d'Oiselay, seigneur dessusdict, a obligé, soumis et liez à la juridiction et cohertion de nostredite cour de Besançon et de toutes autres cours ecclésiastiques et séculières pour lesdites libertés, franchises, droits, usances, jouissances toutes et singulières lesdites choses dessusdictes et divisées, et une chacune d'icelles, ainsi et par la manière qu'elles sont contenues en ses présentes, tenir, garder et inviolablement observer,

conduire, garanthir bien et leaſlement à toujours pour lui,
ses hoirs et ayans-cause, sans aller au contraire à nul jour,
ny consentir que autres y veuillent aller, et octroyant ledit
Guillaume d'Oiselay, lui, ses hoirs et ayans-cause, être
contraint et compellé par nous et par l'une et l'autre de nos
cours et juridictions spirituelle et temporelle, c'est à sçavoir
par sentence d'excommuniement et interdict, par prise
d'intention, vendue et alliénation de ses biens et des biens
de ses hoirs et ayans-cause, ou par toutes cours et juridictions d'Eglise et séculières, par lesquelles lesdits habitans,
leurs hoirs et ayans-cause l'aimeront mieux contraindre,
sinon d'excommuniement, nonobstant la plénière observation,
exécution et accomplissement de toutes et singulières les
choses octroyées, et d'une chacune d'icelle, renonceant pour
ce ledit Guillaume d'Oiselay, pour lui et ses hoirs et ayans-
cause, à toutes exceptions de déception, de mal de fraude,
de barrast, de force, de lézion et circonvention et de
compulsion, à tous droits écrits et non écrits, canon et civil,
à toutes erreur et ignorance, à toutes libertés, droits et
franchises de pape, de roy et d'empereur, de ducs, de
comtes, et à toutes autres exceptions, raisons, deffenses et
allégations de droits, de fait ou de coutumes que contre ses
présentes lettres ou aucunes autres choses contenues en
icelles pourroient être dittes, objectées, apposées ou
alleguées, et que autres choses soient été écrittes.........
et spécialement au droit que dit que généralle renonciation
ne vault si la spéciale ne précède, esquelles ledit Guillaume
a renoncé et renonce par sondit donné serment, pour lui
et ses hoirs. En témoignage de laquelle nous, official déssus
dit, à la féale relation de nostredit mandement digne de foy
à nous faicte, avons fait mettre à ses présentes lettres le scel
de nostre cour de Besançon ensemble avec le scel dudit
Guillaume d'Oiselay, seigneur dessusdict, et signé : Guillaume
d'Oiselay, seigneur de La Villeneuve. En confirmant, agréant,

ratifiant et consentant lesdites libertés, franchises, droits, usances, jouissances, et toutes les choses contenues en ses présentes, ay mis mon scel pandant à ses présentes lettres, ensemble le scel de la cour de Besançon, en signe de vérité; que furent faites et données le quatorzième jour du mois de février l'an Nostre Seigneur courant mil quatre cens cinq. Présens : messire Jean Onzemin, curé de Saulx, Jacques de Velotte, Etienne de Ronchampt, escuyer, et plusieurs autres témoins dignes de foy, aux choses dessus dictes appelés et spéciallement requis. Ainsi signé *Ita est* J. Froissardey, et scellé d'un sceau pendant à [queue] de parchemin, imprimé en cire rouge.

Lequel titre comme dit est, à la réquisition desdits habitans de La Villeneuve avantnommés, avons transcrit, coppié et collationné au vray original, en présence dudit maistre Claude Picquet, procureur avantdit, pour servir auxdits habitans cy-après, partant que de raison de quoi leur avons octroyés acte, comme aussi de ce que nous ont dit et déclarés que, outre les déclarations par eux ci-devant faites, ils ont dit avoir droit de faire revahin (second regain) par chacune année perpétuellement et à jamais en certain canton de prels de leurs finages de ladite Villeneuve, dits es Grands-Revahins, es Petits-Revahins et Prels-Regnier.

Leur appartient aussi un pasquis proche de ladite Villeneuve, selon qu'il s'étend et comporte dais le prel de mondit seigneur, dit le Prel-Billoz, jusqu'à la fontaine de ladite Villeneuve, entre les Lathelière d'une part, et les Jannot d'autre.

Item leur appartient un bois sis audit finage, dit le Bois bannal derrière Vilory, entre le bois de Montcharmon d'une part, appartenant à mondit seigneur, et les terres labourables derrière Vilory d'autre part.

Item leur appartient, avec les habitans de Vilory, une broussaille de bois audit finage, dit entre le Bois de

Montcharmon, et plusieurs terres harables d'autres, sur lesquels pasquis, bois et choses mondit seigneur à toute justice et seigneurie.

Fait à La Villeneuve, le onzième avril l'an que devant mil cinq cent octante-huit, en présence de maistre Antoine Perdrisez et Jacques Prevost, témoins à ce requis. Signé : P. Durelet et J. Prévost.

La présente copic a été extraicte sur la vraye recoungnaissance de La Villeneuve reçue de P. Durelet et J. Prevost, collationnée par Jean Grangier, de Vesoul ; icelle coppie écritte de la main d'Estienne Liez, de La Villeneuve, notaire, et collationnée par Antoine Simonnin, de Vellefrye, aussi notaire, sans y avoir augmenté ni diminué, et ce à la réquisition des habitans dudit lieu, pourquoi nous nous sommes soussignés à ladite Villeneuve, le dixième jour du mois d'aoust l'an seize cent quatre-vingt et un. Signé : Ant. Simonnin, Est. Liez.

Affranchissement des habitants de Neuvelle-les-La Charité et du Pont de Planches.

(8 septembre 1436.)

Les terres de Neuvelle-les-La Charité et du Pont de Planches firent partie de la vaste baronnie d'Oiselay jusqu'à la fin du XVIII° siècle, époque où elles paraissent avoir été érigées en fiefs distincts pour Richard Guyot, propriétaire et maître des forges de Maizières, qui en prit la qualité de seigneur.

Le fondateur de la maison d'Oiselay, éteinte dans la première moitié du XVII° siècle, se nommait Etienne. Il était fils d'Etienne de Bourgogne et de Blandine de Cicon, sa maîtresse. Mort en 1266, il laissa plusieurs enfants de son mariage avec Clémence de Faucogney. La charte par laquelle, en 1237, le comte Etienne donna à son fils la terre d'Oiselay, est rapportée par Gollut (p. 526). L'un des descendants d'Etienne, Jehan d'Oiselay, est indiqué par Gollut comme vivant en 1361. Il fut probablement le père de Jehan d'Oiselay qui, de concert avec son fils Antoine, affranchit en 1429 le bourg de ce nom, et en 1436, ceux de La Neuvelle-les-Scey et du Pont de Planches. Antoine d'Oiselay fut un des brillants chevaliers de la cour des ducs Philippe-le-Bon et Charles-le-Téméraire. Il prit part aux tournois célébrés à l'occasion du mariage de ce dernier avec Marguerite, fille de Richard d'York, en 1468. Son fils Jean d'Oiselay fut chambellan du duc Charles. Lors de l'invasion de la Franche-Comté, au mois d'août 1480, par les troupes de Louis XI, sous le commandement de Charles d'Amboise, « le chasteau d'Oiselay, battu furieusement, dit Gollut (p. 1392), fut emporté par l'ennemy haïant faict batterie suffisante et surprins à l'impourveu iceluy, pendant que les soldats de la garde s'amusoient, comme l'on dict, à quelques pourparlers d'accord, lors estant le seigneur du lieu grièvement malade et blessé de plusieurs coups qu'il havoit receu à la deffense de sa forteresse. Mais la dame sa femme, dame de cœur viril et douée de grandeur de corps et force d'amazone, vint et accourut au bruit et à la bresche, et arrachant une hallebarde qu'elle ostât à un officier des ennemis, ainsy que l'on dit, tua quelques soldats, commençant par celuy auquel la hallebarde appartenoit. Toutefois, voiant qu'elle perdoit temps, elle et son mari furent arrestés et avec eux Jean d'Oiselay, frère du seigneur, qui fut envoyé prisonnier en Champagne, où il fist en soulas de sa prison quelques poëmes et traductions des histoires passées, avant que de retourner en Bourgogne pour y espouser sa prochaine parente, dame dudit Oiselay, nommée Jeanne, qui luy fut accordée par dispense apostolique, afin que cette bonne maison et la seigneurie qui y donnoit le nom fussent conservées en ceste famille, qui est l'une des bonnes, anciennes et loyales du pays. » Cette bonne maison s'éteignit pourtant lors du décès d'Hermanfroy d'Oiselay, mort en 1634, sans avoir été marié. Cette terre passa ensuite par succession aux La Baulme-Saint-Amour, puis aux Choiseul-La Baulme.

L'affranchissement des deux villages de Neuvelle-les-La Charité et du Pont de Planches est consenti par Jean et Antoine d'Oiselay « pour l'amandement et accroissances desdits lieux, lesquels, tant pour mortalité de gens comme autrement, sont en grande ruine et désolation, et pour ce qu'ils se réparent et peuplent de gens ou temps advenir, et aussy que plus légers et plus volontiers ceux qui s'en sont allés et ont déguerpi les lieux pour la cause que dessus, ils viennent et retournent plus volontiers et seurement en cas de nécessité. » Les habitants sont affranchis « de toutes rentes, censes, tailles, quises, prinses, corvées, gait, oschargait, gaistes, subsides, aides et autres servitudes quelconques, moyennant tant seulement,les choses cy-après escriptes et divisées. » Ces conditions sont les suivantes : 1° paiement d'une rente annuelle de soixante écus d'or ; 2° *id.* de la moitié des cens de froment et d'avoine dus précédemment ; 3° *id.* de six quarte<. d'avoine par chaque arpent de terre labourable ; 4° trois corvées de faucille à la moisson des froments et trois à celle des avoines; 5° « le guet suffisant » au château d'Oiselay ; 6° une géline de cens à carementrand ; 7° l'aide des quatre cas ; 8° l'*ost* et la *chevauchée*. Moyennant l'acquittement de ces divers services, les habitants de La Neuvelle et du Pont de Planches demeureront « quittes et libres » de la mainmorte et pourront succéder les uns aux autres,

Ces franchises furent confirmées par le duc Philippe-le-Bon, agissant comme comte de Bourgogne et seigneur dominant de la terre d'Oiselay.

¡ Archives communales de Neuvelle-les-La Charité.

Philippe, par la grâce de Dieu, duc de Bourgogne, de Lothier, de Brabant et de Lembourg, comte de Flandres, d'Artois, de Bourgogne, palatin de Haynnau, de Hollande, de Zélande et de Namur, marquis du Sainct-Empire, seigneur de Frise, de Salins et de Malines, sçavoir faisons à tous présens et advenir, nous avons faict voir par aucun des gens de nostre conseil les lettres patentes de nos amés et feaux messire Jean seigneur d'Oizelet et de Frasne-le-Chastel, nostre cousin, et de messire Antoine d'Oizelet, chevalier, seigneur de Roiches, son fils, scellées de leurs seaux de leurs armes, dont la teneur s'ensuit.

Nous Jean, seigneur d'Oizelet et de Frasne-le-Chastel, chevalier, et Antoine d'Oizelet, chevalier, son fils, seigneur de Roiches-sur-Marne, je ledit Antoine du Loux, licence, authorité et consentement de mondit seigneur et père, affectans et considérans comme debvons de nostre pouvoir l'amandement et accroissances de nos villes du Pont de Planches et de Neuvelle, lesquelles villes, tant pour mortalité de gens comme autrement, sont en grande ruine et désolation. Et pour ce qu'elles se réparent et peuplent de gens au tems advenir, et aussy que plus de legier et volontiers ceux qui s'en sont allés et déguerpis les lieux pour la cause que dessus, ils viennent et retournent plus volontiers et seurement en cas de nécessité. Et pour plusieurs aut̄es causes à ce nous mouvans instamment. Et pour ce, nous lesdits Jean et Antoine, c'est asçavoir je ledit Antoine, de l'authorité que dessus, et chacun de nous seul pour le tout, pour nous, nos hoirs et successeurs et ayans-cause, de nous au tems advenir seigneurs et dames desdits lieux de Pont de Planches et de Neuvelle, tous nos hommes taillables à mainmorte et censables estans et résidens esdittes villes qui de présent sont, et tous autres qui au tems advenir y seront nos hommes taillables et censables comme dit est, pour eux et leurs hoirs, et ceux qui de leurs et un chacun de leurs auront cause au tems advenir, avons affranchis et affranchissons par ces présentes lettres de toutes rentes, censes, tailles, quises, prinsés, corvées, gait, eschargait, gaistes, subsides, aides et autres servitudes quelconques, méans tant seullement les choses cy-après escriptes et divisées. C'est asçavoir :

1° Que tous les habitans desdits lieux du Pont de Planches et de Neuvelle, nos hommes taillables d'ancienneté et censables, nous payeront dores en avant, et seront tenus de payer à nous ou à nos hoirs, ou nostre receveur, chacun an perpétuellement le jour de feste Sainct-Remy, la somme de soixante escus d'or viels et de poids, de rente ou cense ou monnaye courrable au comté de Bourgogne.

2° Par ainsy que lesdits habitans getteront et égaleront entre eux bien et loyalement ladite somme, selon leur faculté et d'un chacun d'eux.

3° Et laditte somme gettée et égallée, ils la léveront et raisonnablement contraindront un chacun desdits habitans de payer ce que ly en sera imposé et distribué toutefois qu'il leur plaira chacun an devant laditte feste de Sainct-Remy, sans préjudice et sans prendre licence de nous ou de l'un de nous ou de nos hoirs, et sans requérir ou appeler nos successeurs seigneurs et dames desdits lieux de Pont de Planches et de Neuvelle ou autres officiers.

4° Et de ce faire avons donné et donnons, pour nous et nos hoirs, puissance, pouvoir et authorité et commandement especial esdits habitans présens et advenir et à leurs hoirs, successeurs, ou à ceux ou celuy qui sont ou seroit eslis ou commis par serment pour lesdits habitans présens et advenir ou leurs hoirs et successeurs, pour jetter et lever laditte somme d'or, affin d'estre payé au terme dessusdit, de gaiger, barrer et vendre les gaiges de ceulx qui ne voudront pas payer ce que de laditte somme leur sera imposé par les prudhommes et commis à ce pour payer laditte somme desdits soixante escus d'or viel et de poids comme dit est ou monnoyé à la valeur, la justice des lieux à ce appellée et requise esdits gaigemens et vendue.

5° Et au cas que ladite somme d'or ne seroit par lesdits habitans ou aucuns d'eux payée à nous ou à nos hoirs au terme susdit, ou huict jours après suivant ledit terme, ils lesdits habitans eschairont à nous ou à nos hoirs et commettront la somme de soixante sols estevenans pour peine et amende commise, et en nom de peine à payer à nous ou à nosdits hoirs par lesdits habitans toutes fois qu'ils deffaudront de payer ladite somme de soixante escus d'or ou la monnoye à la valeur au fini terme dessusdit.

6° Et en outre, au cas que laditte somme d'or ne seroit par lesdits habitans payée, nosdits hoirs la getterout pour cette fois, tant seullement qu'ils deffaudroient, ladite feste de Sainct-Remy premièrement passée et la feront lever toutefois qu'ils deffaudront.

7° Et sy ainsin estoit que nous la gettissions ou fassions lever ou nos hoirs aussy un ou plusieurs au deffaut desdits habitans qui ne l'auroient pas payée et gettée audit terme, pour ce ne perdroient-ils pas leur liberté de getter et lever par leurs ou leurs commis chacun an venant ledit terme et toutefois que meilleur leur semblera.

8° Laquelle rente ou cense desdits soixante escus d'or viel et de poids comme dit est, ou la monnoye à la valeur pour la pauvreté desdits habitans et pour ce qu'ils retournent et soient plustot en bonne prospérité et augmentation de leurs, nous lesdits Jean et Antoine, pour nous, nos hoirs et successeurs qui auront cause de nous, leurs avons donné et donnons par ces présentes ladite somme d'or dessusdite pour le terme de deux ans prochainement venans, en telle manière qu'ils en soient et demeurent quittes de laditte somme desdits deux ans prochainement venans comme dit est.

9° Item nous payeront à nous, nos hoirs, successeurs, seigneurs et dame desdits lieux de Pont de Planches et de Neuvelle, lesdits Labitans, leurs hoirs et successeurs à toujours perpétuellement chacun an la moittié des censes de froment et d'avenne qu'ils debvoient de deux ans en deux ans au jour de feste Saint-Martin d'hyver. C'est asçavoir le froment à la rache et l'avoine comble sans chaucher, tout à la mesure desdits lieux, et se mesureront et amèneront lesdits habitans lesdits froment et avenne au grenier de nostre chastel d'Oizelet.

10° Item nous payeront lesdits habitans chacun an à toujours mais, à nous, nos hoirs et successeurs, au terme susdit comme dit est, pour chacun arpent de charrue six quartes d'avenne sans chaucher, mesure que dessus, et les amèneront et mesureront au grenier de nostredit chastel d'Oizelet.

11° Item avons voulus et consentus, voulons et consentons je ledit Antoine, de l'authorité que dessus, pour nous, nos hoirs et successeurs, que toute et quante fois *que nos bois desdits lieux du Pont et de Neuvelle* porteront glands ou fayne, que lesdits habitans et leurs hoirs à toujours mais perpétuellement ils mettront leurs porcs durant la paison sans prendre congé à nous ne à nosdits hoirs et successeurs, chacun porc de leurs nourir pour une quarte d'avenne que dessus, laquelle avenne lesdits habitans amèneront et mesureront en nostredit grenier d'Oizelet pareillement que dessus.

12° Item avons voulus et consentus, voulons et consentons je ledit Antoine, de l'authorité que dessus, pour nous, nos hoirs et successeurs, que lesdits habitans, leurs hoirs et successeurs soient et demeurent quittes à toujours mais perpétuellement de toutes corvées de porter lettres, de charroy et de toutes servitudes que homme, femme, serf est tenus à son seigneur, tant à cause de mainmorte comme autrement, parmy ce que un chacun habitant, c'est à sçavoir ceux qui nous doibvent corvées est et sera tenu de faire, pour nous, nos hoirs et successeurs, un chacun an trois corvées de la faucille en moisson de froment et trois corvées en moisson d'avenne, et seront tenus lesdits habitans de venir et estre au lieu d'Oizelet gens suffisans, à sept heures devant midy, pour entrer et moissonner en nos corvées avecq lés gens courveables, et au cas que lesdits habitans ensemble les autres courveables auroient ou pourroient moissonner nosdittes corvées, tant froment comme avenne, en un ou deux jours, lesdits habitans desdits lieux sont et seront tenus, un chacun, de nous rendre et payer à nous ou à nosdits hoirs comme dit est, pour le résidu desdittes six corvées, pour chacun jour douze deniers de monnoye courante au comté de Bourgogne.

13° Item avons voulus et consentus, voulons et consentons, pour nous et nos hoirs, que lesdits habitans, demeurans esdits lieux, puissent essarter et faire esserter là où ils voudront et pourront pour semer bled et autres graines et faire pré, excepté au bois bannal desdits lieux, et pour coupper tous bois, excepté le pommier et perrier estans sur les grands chemins.

14° Et aussy avons donné et donnons par ces présentes lettres esdits habitans présens et advenir, demeurans es lieux dessusdits, tout le mort bois et le conduit de l'amener là où leurs plaira, excepté le chasne.

15° Item sont et seront tenus lesdits habitans présens et advenir de mettre à toujours mais perpétuellement un chacun an une gatte suffisant en nostredit chastel d'Oizelet pour gaitter de nuict et à leurs despens.

16° Item sont et seront tenus lesdits habitans présens et advenir de payer un chacun an à nous ou nos hoirs ou successeurs perpétuellement une geline de cense, et par manière de cense quinze jours devant caresme entrant rendre et payer en nostredit chastel d'Oizelet.

17° Item sy aucuns desdits habitans vouloit départir desdits lieux pour aler demourer autre part, la succession d'iceluy départant tant meubles comme héritages viendra et demeurera et debvra venir et demeurer à son plus prouchain de lignage qui demourra en laditte franchise, et au cas que iceluy que ainsin s'en ira desdits lieux nous doibve rien, celui qui tiendra lesdits héritages de celuy qui s'en ira sera tenus de nous payer ce que ledit départant nous debvoit.

18° Item aussy voulons et consentons, je ledit Antoine, de l'authorité ci-dessus, pour nous, nos hoirs et ceux qui de nous auront cause au tems advenir, que lesdits habitans demeurans et résidens es lieux dessusdits, présens et adveuir, soient et seront hoirs les uns des autres, tant en meubles comme en héritages, et succéderont de degrez en degrez ou grey en grey de lignage jusques au neuvième degré de lignage, ou tant qu'ils se pourront en lignage.

19° Item voulons et consentons, pour nous et nosdits hoirs, que lesdits estáns et résidens esdits lieux et chacun d'iceux puissent vendre, donner, aliéner et ayent puissance de vendre, aliéner et donner leurs héritages, terres, prez, vignes et autres choses quelconques les uns aux autres, estant de leurs franchise et condition. C'est assavoir pour chacune livre douze deniers estevenans pour nostre droict, et de celuy ou ceux qui achepteront cinq sols pour le scel du territoire. Et sy aucuns desdits habitans vouloient eschanger de leurs terre, vignes, prez, curtilz, meix, maisons les uns contre les autres ou l'un à l'autre, nous ou nosdits hoirs emporteront cinq sols estevenans d'un chacun desdits permutans pour le droict de scel du territoire.

20° Et s'il y avoit point d'argent de soulte, nous emporterons pour nostre droict d'une chacune livre douze deniers estevenans.

21° Item sy aucun estranger venoit au tems advenir demeurer en l'un desdits lieux dessusdits en laditte franchise, il sera de la franchise et condition desdits habitans et pourra acquérir et achepter desdits habitans prez, terres, vignes, maison et autres choses parmy payant à nous comme dit est, pour chacune livre douze deniers, et pour le scel du territoire cinq sols estevenans.

22° Et tant qu'il demeurera en l'un desdits lieux sans acquérir héritages, il nous payera tous les ans cinq sols estevenans comme chambrier.

22° Item toutefois que nous ou nosdits hoirs marierons nos fils ou filles, ou que nos fils deviendront chevaliers ou l'un deux, ou feront ou fera le voyage d'oultre-mer, ou prinse de corps de nous ou nos successeurs, lesdits habitans sont

et seront tenus et leurs hoirs de nous, nos hoirs et successeurs, aider chacun d'iceux habitans, selon sa faculté et
puissance, sans ly en grever.

24° Item nous debvront à nos hoirs et successeurs lesdits
habitans l'otz et chevaulchée pour notre propre faict et non
autrement, à nos missions et dépens de nos hoirs et
successeurs.

Et parmy ce et moyennant les choses dessusdittes, nous
je ledit Antoine, de l'authorité que dessus, voulons et
consentons pour nous, nos hoirs et ceux qui auront cause
de nous, que dores en avant et toujours mais perpétuellement
lesdits habitans et leurs hoirs puissent demeurer et faire
résidence et avoir leurs domicilles un ou plusieurs esdits
lieux du Pont et de Neuvelle ou leurs plaira et bon leurs
semblera. Et iceux habitans nosdits hommes, comme dit est,
manans et résidens aux lieux dessusdits, nous, nos hoirs et
successeurs, seigneurs et dame desdits lieux dessusdits,
avons affranchis et affranchissons par ces présentes lettres
de la mainmorte, pour eux et leurs hoirs, à toujours mais
perpétuellement, en telle manière que lesdits habitans qui
esdits lieux sont et seront et demeureront, sont et seront
francs et quittes de toutes autres charges et servitudes
quelconques, par quelques noms qu'elles soient nommées
et appelées, en quelconque manière que ce soit que seigneur
peut ou doibt le droict demander à son homme et sujet, en
demeurant lesdits habitans nosdits hommes, comme dit est
en leurs successions, francs et quittes envers nous, nos hoirs
et ceux qui de nous auront cause au tems advenir, seigneurs
et dame desdits lieux du Pont de Planches et de Neuvelle ;
méans les choses dessusdittes, sur lesquelles nosdits hommes
et habitans nous retenons la seigneurie et la justice haute,
basse, moyenne, ainsy comme en avons accoustumé de user.
Excepté aussy et réservé à nous et nosdits hoirs les choses
dessusdittes et divisées, à nous dehues chacun an par lesdits

habitans, tant seullement lesquelles choses susdittes et non
autres lesdits habitans sont et seront tenus de faire, tenir, garder
et accomplir par la manière que dessus est dit et divisé sans
aucunement venir au tems advenir au contraire, et dores en
avant lesdits habitans présens et advenir et leurs hoirs sont
et seront francs bourgeois et de franche condition, méans
les choses dessusdittes, comme sont les francs bourgeois du
comté de Bourgogne, sans ce que jamais au tems advenir
nous, nosdits hoirs et successeurs leurs puissions ou debvions
aucune chose demander, prétendre ou quereller pour quelle-
conques causes que ce soit, feur que ta' t seullement les
choses dessusdittes contenues et divisés en ces présentes
lettres et en laditte liberté et franchise dessusdite.

Nous je lédit Antoine, de l'authorité que dessus, pour
nous, nos hoirs et de ceux qui de nous et d'un chacun de
nous auront cause au tems advenir, avons promis et promettons par nos sermens pour ce donné corporellement aux
saincs Evangilles de Dieu, touchés les dessusdits habitans
nos hommes comme dit est, pour eux et pour leurs hoirs,
garder, deffendre et maintenir fermement et cette présente
franchise toutes et singulières les choses dessusdittes esdits
habitans présens et advenir, fermement garder et inviolablement observer et accomplir tout le contenu en ces
présentes lettres, en tant qu'il nous touche et appartient ou
peut toucher et appartenir, sans jamais aler au contraire ny
consentir que autre aille en appert ou en requoy taisiblement ou expressément soubs l'expresse obligation de tous
et singuliers nos biens et des biens de nos hoirs et
successeurs, meubles et immeubles, présens et advenir,
acquis et à acquérir quelque part qu'ils soient, et pourront
estre trouvés pour iceux biens vendre, distraire et aliéner
de sa propre authorité desdits habitans et de leurs hoirs,
sans offense de juge ou injure de partie et sans en demander
ou obtenir rendue ne recréance d'iceux, veuillans et

expressément octroyans nous lesdits Jean et Antoine,
je ledit Antoine, de l'authorité que dessus, estre contraints
et compelles à l'observation de toutes et singulières les
choses dessusdittes par toutes cours et juridictions, par la
prinse en diction, distraction et aliénation de nosdits biens
et de biens de nosdits hoirs et successeurs, aucune exception
de faict et de droict et de coutume à ce contraire nonobstant,
renonçans expressément en ce faict nous lesdits Jean et
Antoine, je ledit Antoine, de l'authorité que dessus, par nos
sermens dessusdits, à toutes exceptions, raisons, deffenses,
droict et allégations de mal et barast, de fraude, de lésion,
de déception, à l'action en faict, en condition sans cause
ou moings suffisant cause, à la chose nomme ainsy avoir
estée faicte ou que une chose fut et soit ditte et autre chose
escriptes et divisées, esdits habitans avoir estées faictes,
dittes, greées et passées par nous pour les causes que dessus,
les nostres ou nous, nos hoirs et successeurs, ne puissions
dire que les causes dessusdittes nous mouvans à ce faire et
donner lesdites franchises ne soient véritables, à toutes
erreurs et détriments, au bénéfice de restitution par entier,
par quelleconque cause que ce soit, à toutes libertés et
franchises, à touts droicts canon et civil en faveur des
nobles introduits ou à introduire, à tous priviléges et grâce
donnés ou impétrés, à donner ou à impétrer du pape,
empereurs, de tous roys, de princes, de ducs, de comtes,
comme d'autres, et généralement à toutes autres exceptions,
raisons, droicts et deffenses qui, contre la teneur de ces
présentes lettres ou ce présent faict, pourroient estre dittes,
objectées ou proposées, opposées au droict disant que
généralle renonciation ne vault se ly espécialle ne précède.

Et pour ce que ce soit chose plus ferme et stable, nous
avons priés, suppliés et requis, et par ces présentes prions,
supplions et requérons *notre très-redoubté et souverain
seigneur Monseigneur le duc et comte de Bourgogne, lequel*

est seigneur du fief des choses dessusdittes à cause de son chastel de Roichefort, que es choses dessusdittes· luy plaise consentir. Lequel consentement et bon plaisir nous avons requis et requerrons par ces mesmes présentes. En affirmant par nos sermens que ce navons faict ou consentir par dons ou promesses ne proffit qu'en ayans eu desdits habitans ne que puissions avoir, mais que purement pour les causes dessusdites, la augmentation, utilité et proffit desdits habitans nosdits hommes, comme dit est cy-dessus. En témoing desquelles choses nous avons mis nos scels pendans à ces présentes lettres ensemble avec les seings manuels d'Huguenin de Viller-la-Comble, clerc, notaire juré de la cour de Besançon, et de Nicolas Philippe de Vantoux, nostre clerc et tabellion général en toutes nos terres, mis à nos requesques en ces présentes, faictes, données, louées, octroyées et passées en nostre chastel de Frasne-le-Chastel, en la présence de Thibaud d'Oiselet, damoisel, messyre Jean Dezanotte, curé de Frasne, messire Hugues de Frostierre, curé de Neuvelle, Lucot de Brutevuille, Jean Depimont, Pierre Depimont, son fils, escuyers, Jean Perrenot, Menestrier, et plusieurs témoings à ce appelés et espéciallement requis, le huictième jour du mois de septembre en l'an Nostre Seigneur courant par mil quatre cent trente-six. Ainsy signé au ploy de la marge dessoubs : Hug. Richard, N. Philippe.

Lesquelles lettres cy-devant transcriptes à l'humble supplication des habitans du Pont de Planches et de Neuvelle, cy-dedans nommés, ayans aggréable nous icelles lettres et tout leur contenu, sur ce eû l'advis de nos amez et feaux les gens de nos comptes à Dijon et de plusieurs autres de nostre conseil, avons loué, gréé, ratiffié, consenty et approuvé, louons, agréons, ratiffions, confermons, approuvons et de grâce spécialle par ces présentes et nos hoirs et successeurs,

comtes et comtesse de Bourgogne, à toujours mais, confermons parmy et moyennant la somme de cent florins d'or
au prix de treize gros et demy tournois la pièce, que lesdits
habitans supplians seront tenus de pour ce payer une fois,
lesquels voulons estre receus par nostre bien-amé receveur
de nostre baillage de Chalon, Jean de Jauley, pour iceux
estre convertis en l'ouvrage et édiffice de nos moulins de
Fonteny en nostredit baillage de Chalon, que faisons refaire
tout de neuf, et non ailleurs, sur peine de la recouvrer sur
ledit receveur, lequel sera tenus d'en faire lotz et dépense à
nostre proffit; cy donnons en mandement auxdits gens de
nos comptes à Dijon, à nostre bailly d'Amont en nostredit
comté de Bourgogne, à nostre trésorier de Vesoul et à tous
nos autres justiciers présens et advenir qui ce peut et pourra
regarder, ou à leurs lieutenants et à chacun d'eux en droict
soy, que laditte somme de cen. florins d'or payée à nostredit
receveur de Chalon comme est dit, ils fassent, souffrent et
laissent de nostre présente grâce et confermation, selon et
par la manière que dit est, lesdits supplians et leurs habitans
desdittes villes du Pont de Planches et de Neuvelle jouir et
user à toujours plainement, paisiblement et perpétuellement
sans leurs faire, ne donner, ne souffrir estre faict ou donné,
ores ne au tems advenir, ne à aucun d'eux comme en façon
quelconque, molestation, destourbier ou empeschement au
contraire; et affin que ce soit ferme chose et stable à toujours,
nous avons faict mettre nostre scel à ces présentes; sauf en
cesdittes choses nostre droict et lautruy, en tout donné en
nostre ville de Dijon le seizième jour du mois de juin l'an
de grâce mil quatre cent trente-sept. Ainsy signé au reploit
dudit mandement par Monseigneur le duc à la relation du
conseiller Boussens, et scellés dudit scel en cire verde
pendant en las de soye rouge et verde.

Et après est escript sur le reploit dudit mandement :
Visa collationata est facta expedita et registrata in camerà

compunctorum Domini Ducis Burgundiæ pro summâ
centum florenorum auri, quolibet floreno in valore tresdecim
grossorum cum dimidium, per Dominum dictum ducem et per
suas presentes litteras arbitratâ et taxatâ pro finantia hujus
modi affranchissamenti et confirmationis ejusdem, solutâ
magistro Johanni Pillet, thesorico de Visolio prout constat
per suam litteram subdictam die sextâ mensis anni presentis
millesimi CCCC{m}LXXII{mi}, quæ quædam littera recepta cum
copiâ presentium retinetur et ponitur in loco actorum in
dictâ camerâ ordinato. Scriptum in ista camera die nona
mensis julii anno predicto. Ainsy signé : N. Blanchot.

Et audit mandement est attaché un annexe contenant ce
que s'ensuit :

Je Jean Pillet, conseiller de Monseigneur le duc et comte
de Bourgogne et son trésorier de Vesoul, connois et confesse
avoir eû et receü des habitans de Neuvelle et du Pont de
Planches la somme de cent florins d'or du prix de treize
gros et demy, monnoye courante au comté de Bourgogne,
lesdits florins pour la finance taxée et arbitrée par feu M. le
duc Philippe dernier trespassé, que Dieu absolve, et par ses
lettres-patentes scellées de son grand scel en las de soye et
cire verde données à Dijon, le dix-huictième du mois de juin
mil quatre cent trente-sept, à cause de la confirmation de
l'affranchissement faict auxdits habitants par messire Jean,
seigneur d'Oizelet et de Frasne-le-Chastel, et messire Antoine
d'Oizelet, chevalier, seigneur de la Roche, son fils, lesquelles
confirmations, Monsieur le duc qu'est de présens par ses
lettres-patentes données à Abbeville, le vingt-cinquième jour
d'aoust mil quatre cent septante et un, a mandé à messieurs
des comptes à Dijon, estre par iceux vériffiées et intérinées
en relevant iceux habitans du laps de tems escheu et encouru
depuis la datte desdittes lettres de confirmation et contenant
l'expédition d'icelles, de laquelle somme desdits cent florins
du prix desdits treize gros et demy, monnoye que dessus, je

suis content et en quitte et en promets acquitter lesdits
habitans, et en faire recepte en mes comptes au proffit de
mondit sieur, témoing mon signet manuel cy mis le sixième
jour du mois de juin l'an mil quatre cent soixante et douze,
ainsi signé.

Collatio Hujus transcripti cum litteris originalibus signat.
et sigill. ut se facta fecit in camerâ compotorum domini
ducis Burgundiæ divioni nonâ die julii m° CCCCLXXII. Ainsy
signé : Per me, L. Ducret et M. Blanchart.

Au bas est escript : Pour copie extraitte du vray original
sain et entier en scel, soing et escripture, collationnée par
moy notaire et tabellion souscript, le treize jour du mois de
may l'an mil cinq cens et trois ; ainsi signé : Cothot, avec
paraphe.

Affranchissement des habitants de Rupt.

(20 juin 1443.)

La grande terre de Rupt (1), sise au bailliage d'Amont, au comté de Bourgogne, eut pour possesseurs jusqu'à la fin du XIV° siècle des seigneurs de ce nom, issus de la célèbre maison de Pesmes, dont ils portèrent les armes avec une légère modification (2). L'abbé Guillaume (*Histoire des Sires de Salins*, I, p. 347 et suiv.) donne la généalogie de cette famille, qui remontait au commencement du XIII° siècle. Son dernier représentant fut Jean de Rupt, conseiller et chambellan de Charles-le-Téméraire, qui n'eut pas d'enfants de son mariage avec Marguerite de Ray. La seigneurie de Rupt passa ensuite aux Goux, puis aux Clermont Saint-Georges, et enfin aux Grimod d'Orçay, qui la détenaient encore en 1789.

En 1443, Jean de Rupt, père du dernier seigneur de ce nom, octroya des lettres d'affranchissement a ix habitants du bourg de Rupt, dont l'original est encore conservé dans les archives de cette commune. Ce Jean de Rupt fut un des personnages les plus considérables de la cour du duc de Bourgogne Philippe-le-Bon. D'après Gollut, il occupa les fonctions de bailli d'Amont de 1453 à 1467. Le 11 juin 1430, il avait été fait prisonnier au combat d'Anthon, dans le Lyonnais, par Rodrigue de Villandrando, chef des Compagnies

(1) Haute-Saône, arrondissement de Vesoul, canton de Scey-sur-Saône.

(2) La famille de Pesmes portait : *d'azur à la bande d'or accompagnée de six croisettes recroisetées de même, deux et une en chef, et trois en pointe. Celle de Rupt : d'azur à la bande d'or avec sept croisettes fleuronnées et fichées de même, quatre en chef et trois en pointe.*

françaises appelées les Ecorcheurs. Au mois d'août 1443, il assista au tournoi qui eut lieu près de l'arbre de Charlemagne, autrement dit des Ermites, sur la route de Dijon à Auxonne, et auquel prirent part les représentants des plus grandes familles des deux Bourgognes. Au mois de juillet 1453, il commandait une aile de l'armée bourguignonne, qui défit les Gantois révoltés, à la bataille de Gand. Quelque temps avant (24 février 1453), il avait, avec Thiébaut de Neufchâtel, maréchal de Bourgogne, représenté le duc Philippe-le-Bon aux négociations qui amenèrent la paix entre celui-ci et le duc Albert d'Autriche, c'est-à-dire entre les pays de Bourgogne et ceux de Ferrette et d'Auxois. Enfin il figure sous le titre de Jean de Rupt, sieur d'Autricourt, sur la liste des chambellans du duc de Bourgogne.

La charte d'affranchissement des habitants du bourg de Rupt est accordée, comme presque toutes celles données à cette époque, autant dans l'intérêt du seigneur que dans celui des sujets. « Lesquelles pactions et convenances, dit le préambule, ont été faictes et passées pour nostre grand et évident prouffit et utilité. Et mesmement pour ce que plusieurs des habitans dudit lieu s'estans desjà absentez et absentent chacun jour pour les grants charges que nous leur demandions et prétendions à eulx insupportables, si qu'ilz disoient; et aussi pour considération des pertes et dommaiges qu'ils ont eues et soustenues depuis dix ans, en ça pour occasion de la guerre de Langres et de Grancey (1), dont ils ont estez moult dommaigiez, tant de feux boutez en leurs maisons comme de prisons de leurs corps, et autrement

(1) En 1430, le duc de Bourgogne prit parti pour Antoine de Vaudemont dans ses prétentions sur le duché de Lorraine, que revendiquait Réné d'Anjou, comme mari d'Yolande, fille du dernier duc Charles. Il paraît que dans cette guerre la partie occidentale du comté de Bourgogne eut beaucoup à souffrir des courses des partisans lorrains et français. *(Gollut, p. 1130.)*

en diverses manières, par lesquelles laditte ville de Rupt
estoit en voye de venir en ruyne inhabitable et désercíon
totale. » Le bourg comptait cependant encore soixante-onze
ménages mainmortables qui sont, « par ces présentes,
affranchis, quittés et exemptés de ladite servitude de mainmorte et condicion serve. » Ils sont donc autorisés à l'avenir
à « tester, ordonner et disposer de leurs biens comme bon il
leur semblera, à succéder les uns aux autres, de hoirs en
hoirs et de ligne en ligne, ainsi et par la manière que font
gens de franche condition. » Les habitants, en retour,
s'engagent à payer au seigneur : la taille annuelle de quatre-
vingts francs, taille qui sera dite abonnée, et qu'ils répar-
tiront comme ils l'entendront ; une géline à carême entrant
ou deux blancs dus par chaque sujet ; à faire quatre corvées
de labourage dues par chaque charrue ; quatre corvées pour
moissonner le froment et l'avoine dues par chaque ménage ;
à porter les lettres du seigneur à Vy-le-Ferroux (1), à
Vauconcourt (2), à Soing (3) et à Oigney (4) ; à fournir chaque
soir un poste pour le guet en temps de paix et « au temps
de guerre du prince ou de nostre guerre particulière à gaitter
plus avant, selon l'advis de nous ou de nostre commis ad
ce. » Suivent ensuite plusieurs autres obligations relatives
au lods à percevoir sur les héritages vendus ou échangés,
sur le charroyage du bois et du vin du seigneur, à l'aide des
deux cas (rançon du seigneur prisonnier et mariage de sa
fille aînée).

Les habitants ont le droit d'élire trois ou quatre d'entre

(1) Haute-Saône, arrondissement de Vesoul, canton de Scey-sur-
Saône.

(2) Haute-Saône, arrondissement de Gray, canton de Dampierre-
sur-Salon.

(3) Haute-Saône, arrondissement de Gray, canton de Fresne-
Saint-Mamès.

(4) Haute-Saône, arrondissement de Vesoul, canton de Combeaufontaine.

eux pour « faire et égaler leurs tailles et gectz qui leur
seront nécessaires pour la conduite de leur église et communaulté et aussi pour leurs procès, ainsi que des messiers
et banvards pour garder leurs récoltes ; ils pourront aussi
mettre en ban leurs bois et leurs communaux. » Le seigneur
s'engage à faire ratifier cet acte d'affranchissement par Jean
de Grandson, chevalier, sire du fief de Pesmes (1), dont la
terre de Rupt était mouvante.

On connaît la fin tragique de ce personnage qui, comme
un des plus élevés représentants de l'ancienne noblesse
comtoise, crut devoir se plaindre hautement et sans réserve
des atteintes portées par le conseil du duc aux antiques
priviléges des barons du pays, surtout en matière d'impôt et
de juridiction. Ses doléances trouvèrent de l'écho dans les
principales familles du comté de Bourgogne, qui lui étaient
d'ailleurs presque toutes attachées par des liens de parenté
ou d'alliance. Il devint ainsi le chef d'une ligue qui tendait
à éloigner de la personne de Philippe son chancelier Nicolas
Rollin et autres gens de robe, à qui lui et ses partisans
attribuaient, non sans raison, les nouveautés introduites
dans le gouvernement au profit de l'autorité souveraine,
mais au grand détriment de leurs propres droits. Le mouvement était sur le point d'éclater, lorsque le duc, averti par
ses conseillers, crut devoir frapper un coup décisif. Jean de
Grandson fut saisi brusquement et enfermé au château de
Grimont, qui dominait Poligny. Ses géoliers, exécuteurs des
volontés de leur maître, l'étouffèrent entre deux matelas, en
décembre 1455. Les biens de Jean de Grandson furent alors
confisqués et la terre de Pesmes donnée à Charles de la
Baulme, comte de Montrevel, dont la dernière héritière
épousa, au XVIIIᵉ siècle, M. de Choiseul-Stainville.

(1) Haute-Saône, chef-lieu de canton de l'arrondissement de Gray.

Affranchissement des habitants de Rupt par Jehan, seigneur dudit lieu et d'Ottricourt (20 juin 1843).

Nous Jehan, seigneur de Rupt et d'Ottricourt, escuier, faisons savoir à tous que, comme débat et controverses feussent entre nous ledit seigneur de Rupt et d'Ottricourt d'une part, et les habitants d'icellui Rupt d'autre part, de et sur certains points et articles touchans et concernans la seignourie d'icellui lieu de Rupt que nous disiens et mainteniens à nous estre deuz par lesdiz habitans, eulx disans et maintenans que sans cause et raison nous leur demandiens plus avant qu'ilz n'estoient tenuz à nous, et que encoir nous faisoient ilz aucunes choses et servitutes ausquelles ilz ne leurs prédécesseurs ne furent oncques tenus ne contrains ; lesquelles n'estoient que par souffrance et courtoisie d'eulx senz droit deu, et dons noz pères et grant-père, cui Dieu pardoient ! avoient faicte conscience et déclairé leur couraige de les amender et réparer ; et pour ce, et pour adez, norrir, accroistre et maintenir bonne paix et amour entre nous et lesdiz habitans noz hommes, qu'est chose naturelle et de grant bien entre seigneur et subgets, et aussi pour faire et recongnoistre à chascun ce que doit estre sien, afin que debat ne puisse estre meu ou temps advenir entre nous, de et pour occasion des choses qui s'ensuyvent, nous avons fait, traitté, accordé et transigé entre nous, pour nous, nos hoirs, successeurs et ayans-cause, et lesdiz habitans pour eulx, chascun d'eulx leurs mex, terres, héritaiges estant audit Rupt, finaige et territoire d'illec, pour iceulx habitans, leurs hoirs, successeurs et ayans-cause, les traittiez, accors, paccions et convenances qui s'ensuyvent, lesquelles nous avons faictes et passées pour nostre grant et évident prouffit et utilité ; et mesmement pour ce que plusieurs des habitans

dudit lieu s'estoient desjà absentez et absentent chascun
jour, pour les grans charges que nous leur demandiens et
prétendiens à eulx insupportables si qu'ilz disoient, et aussi
pour consideracion des pertes et dommaiges qu'ils ont eues
et soustenues depuis dix ans en çà pour occasion de la
guerre de Langres et de Grancey dont ilz ont été moult
dommaigiez, tant de feux boutez en leurs maisons comme
de prisons de leurs corps et autrement en diverses manières,
par lesquelles ladite ville de Rupt estoit en voye de venir
en ruyne inhabitable et désercion totale; par quoy les droiz,
rentes et debtes anciennes deues à nous et à nos prédécesseurs ne nous peulent estre païés entièrement. Et avec ce,
en recompensation de plusieurs grans et agréables services
que les habitans ont fait ou temps passé à nous et à noz
prédécesseurs, et pour deschargier leurs consciences et la
nostre d'aucunes choses dont lesdits habitans se tiennent et
réputent trop chargiez envers nous et nostre signorie, en
iceulx déclairant et interprétant au droit primerain de nature
et de franchise, et aussi en déclairant pour et au proffit de
nostredite seigneurie ce que nous est et sera loyalement deu
et paié ou temps advenir par lesdis habitans et de leur plain
gré, certainne science et consentement; nous, ledit seigneur
pour les causes et considérations avantdittes, et aussi que le
lieu dudit Rupt est le lieu et place du principale de toutes
noz autres places, le nom et cry de noz armes, et que de
tout nostre povoir et principale volunté, nous voulons entre-
mectre de remectre sus ladicte ville et en meilleur estat au
plaisir de Dieu; pour ces causes et autres qui à de ce nous
meuvent, et mesmement à la supplication et requeste desdiz
habitans, noz hommes y demourans de présent et nommez
en ces présentes, de nostre pure libérale science, franche
voulonté et propre mouvement, pour nous, nos hoirs et
ayans-cause, de présent et au temps advenir seigneurs et
dames dudit Rupt, iceulx habitans noz hommes, c'est assa-

voir Jehan filz, Jehan Chappuis, ses frères et seurs, Jacot Richard, Jehan de la Verne, Jehan filz, Huguenin Mignot, l'éritaige Huguenin Mignot, l'éritaige Regnault Garnier, Jehan Barbier et Perrenot son frère, Pierre et Jacquot, enfans de feu le Malicet, Pierre Tannerre, Gauthier Legerin et Jacot son frère, Guiot Courdier, Jehan Viart, Estevenin Courderet, Jehan Bonnetet, Guillaume Symonnin, Jehannette fille Gilebert, Huguenin Courvoisier, Jacot Garnier, l'éritaige de Jehannotte fille Valot, l'éritaige de feu Humbert, Huguenin Courdier, Jacot Bounetet, l'éritaige de la fille Jehan Valot, Thierri Tueul, Jehan Baillier, Jehan Grappinet, Jehan Courdenet, Regnault l'Estournel, Jacot Dromont, Jehan Lascornel, l'éritaige de feu Nicolas et de sa femme, Jehannin Moniot et Perrin son frère, Estevenin Lambelin, Jehan Chet, Jehan Anthoine, Perrenot fils, Jehannot Valot, Loyet, Huguenin Gilebert, Huguenin Paige, Guillaume Alain, Perrin Mareschal, Sibille femme Emonnot Gay, Guillemotte fille Jacot Grene, Jehan filz Regnault Vainey et sa seur, l'éritaige d'Anguel veuve de feu le Perrier, Jehan Maire, ses frères et seurs, Guillemotte femme Andrée Cathon, Jouot Megnien, Perrin Megnien, Jehan Perrel, Villemin Loillier, Jehan Macon, Jehan filz Estevenin Loillier, Huguenette fille Jehan Bienfais, les enffans Girard et Blanchotte Huguenin le Pelletier, les enffans Huguenin Mariotte, Huguenin filz Jehan Fevre, Jacot filz Guillemin Barbier et sa mère, Guillemin filz Coleton et sa mère, Huguenin filz Charie et sa mère, l'éritaige de feu Perrenot Richart, Jehan Richart, de Vy-le-Ferroux, Jacot Symonnin, Perrenot Roussel, Jehannotte fille Jehan Folye, les enffans Regnault Tannerre, Berthot Tannerre, les enffans de feu Huguenin le Sac, l'éritaige Paris, l'éritaige de feu Viennot de Saint-Aubin, l'éritaige des enfans au Menestrier, l'éritaige Arnoul et de Jehan son frère et de leur seur, et généralement tous autres éritaiges assis et scituez en ladite ville et finaige, prairie et territoire dudit Rupt que par avant ces présentes nous estoient mainmortables, sans en aucuns excepter ne retenir ; pour eulx, leurs hoirs nez et [à] naistre et qui sont descenduz et descendront d'eulx et de leurs posteritez, de hoirs en hoirs et de ligne en ligne, et ayans-cause d'eulx et de leurs hoirs, avons affranchy, quitté, examt et deschargiez tous nosdiz hommes cy-dessus nommez, et par ces présentes affranchissons, quittons et examtons et deschargeons de ladite servitute de mainmorte et condition serve, et voulons et consentons par ces présentes qu'ilz puissent tester, ordonner et disposer de leurs biens, de présent et au temps advenir, quant bon leur semblera, et succéder les ungs aux autres de hoirs en hoirs et de ligne en ligne, ainsi et par la manière que font gens de bonne condicion. Voulons en oultre et consentons qu'ilz puissent tenir et posséder leurs mex, éritaiges et maisons deschargé de laditte servitute de mainmorte, parmy payant à nous et à noz hoirs et successeurs les charges cy-après spécifiées et déclairées ; lesquelz éritaiges tous ensemble de la fin, ville, finaige et territoire dudit Rupt, demeurent chargiez et obligiez à nous des charges, debtes et servitutes contenues et déclairées en ces présentes, excepté les éritaiges de ceulx qui tiennent en fied de nous. C'est assavoir ce que tient damoiselle Jehanne de Poncey (1), ce qu'ilz tiennent les enfans Jehan de Maissy, l'éritaige que y tenoit Humbert de Quincey (2), que tient de présens Jehan Petit, de Rupt, clerc, et aussi l'éritaige dudit Jehan Petit, que desjà et paravant ces présentes estoit, est et encore demoure franc et deschargié de toutes les charges et servitudes contenues en ces présentes.

Premièrement, au regart de la taille que avant ces présentes estoit taille à volenté, nous paieront lesdiz habitans

(1) Haute-Saône, arrondissement de Vesoul, canton de Scey-sur-Saône.

(2) Haute-Saône, arrondissement et canton de Vesoul.

et tenans éritaiges, chascun an, quatre-vins francs monnoie, le franc compté pour dix-huit solz estevenins : c'est assavoir quarente francs à la Saint-Michiel et quarente francs à la foire de Port (1), et sera doresnavant appellée taille abonnée ; iaquelle somme se lèvera par nostre receveur ou commis de par nous, sur tous les éritaiges en commun ou en particulier desdis habitans et tenant éritaiges audit Rupt ; et au deffault de payer ladicte taille, notre receveur ou commis pourra vendre les meubles et éritaiges pour la part et portion des tenans éritaiges audit Rupt et d'un chascun d'eulx en son endroit, nonobstant opposition ou appellation ; laquelle taille ainsi abonnée de ladite somme de quatre-vins francs ne pourra monter ne croistre doresnavant.

Item, au regard de la geline qu'estoit due à Karesmentrant, un chascun desdis habitans la nous paieront une fois l'année ou deux blans pour icelle, lequel que mieux nous plaira, laquelle geline ou deux blans ne porteront ne auront de présent ne ou temps advenir aucun effect, force, ne signe de mainmorte, ne préjudice à ceste présente franchise et habonnement.

Item, et en tant qu'il touche les charruaiges, chascune charrue sera tenue de nous faire chascune année quatre journaulx, c'est assavoir à karesme, en soimbre (2), en reters (3) et en vaïn (4). En faisant lesquelz charruaiges, nous serons tenus de leur bailler et administrer vivres raisonnablement.

Item, seront tenuz lesdiz habitans de chascun hostel où il aura homme et femme par mariaige, faire deux journées de

----

(1) Port-sur-Saône, chef-lieu de canton de l'arrondissement de Vesoul.

(2) L'époque où l'on donne aux terres le premier labour. (Du Cange, *Sombrum.*)

(3) Le temps du troisième labour. (Du Cange, *Retertiare.*)

(4) La récolte.

la faucille au froment et deux à l'avoine, et demouront la
moitié desdiz ouvriers le jour entier et l'autre moitié pourra
venir à l'ostel deux fois le jour : c'est assavoir à l'eure dicte
pregniere (1) et à la ressue (2) et retourner incontinent en
laditte courvée. Et s'il y avoit famme vefve, elle fera une
journée au froment et une à l'avoine, et ce à nos despens, de
bouche tant seulement ; et au regart de charrier laditte
courvée ils seront tenuz de porter toutes lettres comme à
Vy-le-Ferroux (3), à Soings (4), et Vaulconcourt (5), et
Oigney (6), et ce à noz despens comme dessus.

Item, au regart du pré du Breule, seront tenuz lesdiz
habitans de le soier, ainsi que l'on a acoustumé, et de le
fener avec ceulx de Vy-le-Ferroux, de Chante (7), de
Cubry (8), de Soing, de Vaulconcourt et de Saint-Aubin (9),
en eulx baillant leurs vivres comme l'on a accoustumé.

Item, et quant est de charrier ledit foing, chascun ayans
voiture sera tenus de mener cinq voitures de foing en nostre
grange ou br   , et euix qui n'auront pas un cheval
mectront deu.. .. deux et meneront cinq voitures comme les
autres ; et si il se peut mener pour moings, l'on ne les
pourroit faire contribuer autre part, lesquelles voitures ils

---

(1) L'heure du dîner. (Du Cange, *Prandium.*)

(2) Goûter, repas de l'après-midi. (Du Cange, *Reolicinium.*)

(3) Haute-Saône, arrondissement de Vesoul, canton de Scey-sur-Saône.

(4) Haute-Saône, arrondissement de Gray, canton de Fresne-Saint-Mamès.

(5) Haute-Saône, arrondissement de Gray, canton de Dampierre-sur-Salon.

(6) Haute-Saône, arrondissement de Vesoul, canton de Combeaufontaine.

(7) Haute-Saône, arrondissement de Vesoul, canton de Scey-sur-Saône.

(8) Haute-Saône, arrondissement de Gray, canton de Fresne-Saint-Mamès.

(9) Saint-Albin, section de la commune de Scey-sur-Saône.

chargeront raisonnablement et selon la faculté de leurs
chevaulx, et aura de nos genz en ladicte grange ou bergerie
qui deschargeront ledict foing, ausquelz charretons‘ nous
serons tenuz de leur baillier vivres raisonnables.

Item, se aucun y avoit deffaillant de soyer ou charroier,
les deffaulx se contribueront au prouffit desdiz habitans qui
seront tauxés raisonnablement.

Item, au regart du gait, lesdiz habitans seront tenuz d'y
soingnier (1) une gaitte seulement chascun soir au temps de
paix, et au temps de guerre du prince ou de nostre guerre
particulière ilz seront tenuz de gaittier plus avant, selon
l'advis de nous ou de nostre commis à ce.

Item, au regart des lagners (2) des bois, chascuns ayant
cheval nous paieront une voiture de bois à la Toussaint et
une à Noël seulement.

Item, pour tous autres charrois et réparacions de nostre
chastel et forteresse dudit Rupt, un chascun desdiz habitans
ayans deux chevaulx seront tenus de nous faire quatre voitures un chascun an en la fin dudit Rupt ou à une lieue à
l'entour et non plus loing. Et ceulx qui n'auront que ung
cheval mectront deux à deux et feront quatre voitures
comme les autres, entre la Saint-Michiel et Penthecouste, et
non point en autre saison, pour les charges qu'ilz ont de
nostre Breule et courvées dessusdictes, ausquelz charretons
seront tenuz de leur bailler vivres raisonnables ; lesquelles
quatre voitures, nous ledit seigneur de Rupt, pourrons
mettre, emploier et convertir en quelconque lieu et usaige
que nous vouldrons dans ledit temps et limites ausquelz en
seront requis de par nous. Et se ainsi est que iceulx habitans
ne sont requis dans ledit temps, icellùy passé ils n'y seront
plus tenuz pour ladicte année passée.

(1) Fournir. (Du Cange, _Coniare._)
(2) Voiture ou charretée de bois à brûler. (Du Cange, _Laignerium._)

Item, seront tenuz lesdiz habitans ayans chevaulx de charrier nos vins dez Chariey (1) audit Rupt avec les autres villaiges dudit Rupt cy-devant nommez, en eulx baillant vivres raisonnables.

Item, seront tenuz lesdiz habitans de baillier ung ouvrier de chascun hostel pour vendangier un jour en nostre vigne dudit Rupt, en eulx baillant aussi vivres raisonnables.

Item, paieront les dismes, comme l'on a accoustumé.

Item, au regart des courvées de moissons froment et avoine, charroy de bois des deux loigners, des quatre voitures touchans les réparacions, du charroy des vins dez Chariey à Rupt, de faire la journée en vendange en la forme et manière que coutume est cy-devant ; eulx lesdiz habitans qui seront désobéissaus ou deffaillans après le commandement que leur sera fait par nostre sergent ung jour avant, en ce cas nous retenons l'amende à nous, se bon nous semble, sans quicter aucun des désobéissans du fait principal dudit charroy desdiz bois.

Item, pourront iceulx habitans et autres ayant héritaiges en la fin dudit Rupt, vendre, changier, donner, transporter leurs héritaiges les ungs aux autres et à cui bon leur semblera, parmy payant pour le fere de quinze sols douze deniers estevenins et de lettre d'eschange où il n'aura solte dix-huit deniers, lesquelz héritaiges demourront chargiez envers nous et noz hoirs des charges et debtes contenues en ces présentes.

Item, ceulx qui vendront ou eschaugeront venront passer leurs lettres devant le clerc du gouvernement de nostre justice dudit Rupt, et seront registrées et enprothocollées, et aussi seront tenus de venir au scel dans quarente jours ou deans certain temps après qui leur sera signiffié.

Item, au regart des aydes, lesdiz habitans seront tenuz d'y contribuer, c'est assavoir : pour prinse de corps de seigneur,

(1) Haute-Saône, arrondissement et canton de Vesoul.

ce que Dieu ne vueille ! et maryage de filles, selon que l'on
en use ou conté de Bourgongne en franc lieu.

Item, retenons et réservons à nous et à noz hoirs la mainmorte se aucun homme maïnmortable venoit demeurer audit
Rupt d'autre leu ou seignorie, feust de moy ou d'autre et il
mourroit sans hoirs de son corps ou de sa ligne, et son seigneur vouloit venir prendre sa succession, en ce cas nous le
retenons à nous ladicte mainmorte sur ladicte succession
comme estoit en icellui lieu avant la confection des présentes.

Item, et au regart de nos hommes qui n'y sont nommez en
ces présentes à présent demourant hors dudit Rupt, et sans
préjudice de la franchise des nommez ci-dessus, nous retenons à nous la mainmorte sur les corps enfans et biens
quelsconques pour la première fois, par ainsi [toutes voyes]
que leurs héritages estant audit Rupt, si aucuns en y ont,
sont et demeurent doresenavant de telle liberté et franchise
que sont et seront les autres héritaiges dudit Rupt affranchis
et abonnés par ces présentes.

Item, useront lesdiz habitans, en cas de rappel, des
éritaiges vendus en la forme et manière que font gens de
franche condicion ou comté de Bourgongue.

Item, au regart des estrangers qui acheteront aucuns
éritaiges audit Rupt, qui n'auront maison en la ville dudit
Rupt, se aucun de sa ligne ne rappelle deans l'an et jour, ung
autre de la ville que ne seroit de sa ligne pourra rappeler
dans l'an et jour suivant, parmy rendant missions qui
seroient mises raisonnablement esdiz éritaiges.

Item, pourront lesdiz habitans eslire entre eulx trois ou
quatre pour faire et égaler leurs tailles et autres griefs qui
leur seront nécessaires pour la conduite de leur église et
communaulté, et aussi pour leurs procès, si aucuns en
avoient, et feront le serment lesdiz commis en la main de
nostre justice.

Item, pourront lesdiz habitans eslire ung ou deux messiers ou banvers (1) pour garder leurs fruiz, lesquelz feront tel serment comme dit est en la main de nostredite justice.

Item, pourront lesdiz habitans bannir leurs bois et communaulx et faire bannye en la fin dudit Rupt ou bon leur semblera par ainsi que sur les estrangers qui y seront trouvés mesusans, nous retenons l'amende sur eulx.

Item, que sur toute la ville, fin et territoire dudit Rupt, nous retenons la justice haulte, moyenne et basse.

Item, et que parmi les charges et servitutes contenues en ces présentes sur tous les éritaiges quelsconques dudit Rupt, lesdiz habitans pour eulx et leurs hoirs et ayans-cause, ensamble pour leurs meix et éritaiges quelsconques, assis et scituez en la ville, fin, finaige et territoire dudit Rupt, seront et demourent frans, quittes, immunes et exemps et deschargiez de toutes charges et commandemens et servitutes quelsconques, en quelconque manière que ce soit et que l'on sauroit ou pourroit dire et nommer, parmy payant lesdites charges à nous deues comme dit est ; promettant nous ledit seigneur de Rupt es habitans, c'est assavoir : ledit seigneur de Rupt en sa personne, et pour lesdiz habitans Jacot Richard, Jehan Lallier et Huguenin le Pelletier, dudit Rupt, cohabitans dudit lieu, esleuz et députez par tous les autres habitans dudit Rupt, pour nous, nos hoirs et ayans-cause, par nos sermens pour ce donnés corporellement aux sains Evangilles de Dieu, solempnée stipulation sur ce intervenant, et soubz l'obligacion de tous et singuliers noz biens et les biens de nozdis hoirs et successeurs, meubles et immeubles, présens et advenir quelsconques, toutes et singulières les choses dessusdictes par nous passées et touchées l'un à l'autre nomées et déclairées, tenir ferme, establé et aggreable sans y jamais aler au con-

(1) Banvards, gardes du territoire. (Du Cange, *Banwardus*.)

traire par nous ne par autrui, en recoy et en appert, en
jugement ne dehors ; submectant quant à ce nous et noz
hoirs et chacun de nous mesmement, nous ledit seigneur de
Rupt pour nous et noz hoirs et ayans-cause de nous ou temps
advenir et nosdiz biens présens et advenir, à la juridiction
et cohertion de toutes cours, tant d'Eglise comme séculières;
par lesquelles et pour une chacune d'icelles nous voulons
estre contrains et compellez, nous, nosdiz hoirs et biens et
ayans-cause, comme de chose faicte et passée en jugement à
l'observacion et accomplissement de toutes les choses contenues en ces présentes. Renonceant en ce fait nous ledit
seigneur de Rupt, pour nous, nos hoirs et ayans-cause, à
toutes exceptions et déceptions de mal, de fraude, de barrat,
de lésion, de circonvention et action en droit et condicion
sans cause ou moins souffisant cause, à l'exception de non
estre actioné des choses dessusdites contenues en ces présentes et que autre chose auroit esté dit que escript ou
escript que dit ; et générallement à toutes autres exceptions
et déceptions, cavillations, subterfuges et cauthelles que
contre la teneur de ces présentes lettres ou aucunes
choses d'icelles pourroient estre dictes, opposées ou alléguées, especialement au droit disant générale renunciation
non valloir se l'espéciale ne précède. Et voulons et consentons que lectres en soient faictes au dictié de saiges, grossées
et regrossées, une fois ou plusieurs, se besoing fut. En
tesmoignaige desquelles choses, nous ledit seigneur de Rupt
avons mis nostre scel, et en oultre nous icellui seigneur
dudit Rupt et lesdiz habitans avons requis et fait mettre le
scel de la court du comté de Bourgoigne, duquel l'on use à
Chariey, à ces présentes lettres par Guiot Racenet, dudit
Chariey, tabellion général audit conté de Bourgongne, avec
le seing manuel de Jehan Philippe, demourant à Dijon, notaire public et coadjuteur du tabellionnage dudit lieu, par
laquelle court et par tous autres nous voulons estre contrains

et compellez ; et submettant quant à ce nous, nosdiz hoirs
et biens dessusdits à l'obligacion et accomplissement des
choses dessusdites ; et pour plus grant seurté avoir de
l'entretenement des choses dessusdictes et d'une chacune
d'icelles, nous ledit seigneur de Rupt avons promis d'y faire
consentir nostre très-cher seigneur messire Jehan de
Grançon, chevalier, seigneur de Pesmes (1) et de Valay (2),
comme seigneur du fyé, auquel prions et requerons que lui
plaist consentir et mettre son scel à ces présentes se et en
tant que mestier est. Ce fut fait et donné le vintième jour du
mois de juing de l'an mil quatre cens quarante et troiz.
Présens : nobles Guillaume Vaillant, Anthoine d'Aigecourt,
escuiers, Guillaume Gourcol de Marcey, et autres tesmoings
à ce espéciallement appellez et requiz.

(Archives communales de Rupt.)

(1) Chef-lieu de canton de l'arrondissement de Gray.
(2) Commune du canton de Pesmes.

Affranchissement
des habitants de Broye-les-Loups et de Verfontaine.

(1446-1457.)

Deux localités de l'ancien bailliage d'Amont qui ne forment aujourd'hui qu'une seule commune, désignée dans les nomenclatures officielles sous l'appellation de Broye-les-Loups et Verfontaine (canton d'Autrey, arrondissement de Gray, Haute-Saône), furent, dans la première moitié du XVe siècle et à une dizaine d'années d'intervalle, l'objet d'acensements féodaux qui nous ont conservé sur leur origine et la condition de leurs premiers habitants des détails particuliers et intéressants. Ces actes sont, à proprement parler, de nouvelles fondations de villages détruits pendant les guerres du XIVe siècle.

Sans aller jusqu'à admettre qu'il faille voir dans ces deux villages ceux que la *Chronique de Bèze* mentionne comme des dépendances d'Autrey en 634 (1), il est certain qu'en 1200, Broye était assez considérable pour posséder une chapelle citée dans un titre de Hugues de Vergy (2), et qu'en 1120, Geoffroi de Belmont établit au milieu d'une immense forêt, dans un lieu dit *En-Wald*, six religieux détachés de l'abbaye de Saint-Etienne de Dijon (3). Ainsi fut fondé le

***

(1) *Chronique de Bèze*, p. 9 : «Villam Alteriacum cum adjacentiis suis. »

(2) Fyot, *Preuves*, pp. 162 et 199 : « Capellam de Poyens et capellam de Brois. »

(3) Fyot, *Preuves*, p. 83, n° 130 : « Locum situm in sylva Altre quæ *En-Wald* vocatur. » On trouve dans le cartulaire de l'abbaye de Conques en Rouergue, publié si savamment par M. Gustave Desjardins, une charte de donation faite à ce monastère par Hosfridus de Beaumont-sur-Vingeanne, du lieu de Verfontaine et de la forêt

prieuré de Verfontaine qui, placé à la fin du XII⁰ siècle sous
le patronage de la cure d'Autrey, devint, avec elle, une
dépendance de l'abbaye de Saint-Etienne de Dijon. En 1200,
Hugues de Vergy, descendant et successeur de Geoffroi de
Belmont par sa mère Adelays de Belmont, épouse de Guy de
Vergy, propriétaire à ce titre de ces grands territoires boisés
situés entre la Saône et la Vingeanne, passa avec Etienne,
abbé de Saint-Etienne de Dijon et prieur suprême de Verfontaine, un traité par lequel il s'engagea : à bâtir un village
dans ce lieu ; à céder au prieuré la moitié des tailles, des
produits de la justice et des redevances seigneuriales levées
sur les habitants ; à reconnaître que ledit prieuré aura en
toute propriété le moulin, le four, la dîme seigneuriale et
l'église, en s'interdisant le droit d'établir aucun autre four
ou moulin, droit réservé exclusivement aux chanoines et
prieur. Les parties convenaient encore qu'aucune institution
de mayeur, prévôt ou officier quelconque ne pourrait avoir
lieu que de leur commun consentement ; qu'une fois institués,
cesdits officiers devraient prêter serment d'abord entre les
mains du prieur, puis entre celles dudit Hugues de Vergy
ou de ses successeurs ; qu'ils rendraient compte de leur

de Vava, vers 1090. (Charte n⁰ 484, p. 351 : « Locum qui dicitur
Verida Fons sicut aqua dividit..... et insuper dedit silvam nomine
Vavam. ») On peut rapprocher ce nom de Vava de celui de
En-Wald du titre de 1120. Il est certain qu'il désignait, comme le
pense M. Desjardins, une partie de la forêt d'Autrey, dont un canton
septentrional conserve le nom de la Vaivre. (Carte cantonale de la
Haute-Saône de 1856.) La « via publica » dont parle la donation
de 1090 devait être la voie romaine dont les traces sont marquées
au sud de Verfontaine sur ladite carte. Les moines de Conques ne
prirent probablement pas possession des terres que leur avait
données Hosfridus de Bello-Monte, et celui-ci (il faut d'autant plus
admettre la similitude entre Hosfridus et Gaudefridus, que dans les
deux actes de 1090 et de 1120 figure Hugo, fils de ce seigneur de
Beaumont-sur-Vingeanne), à la suite d'arrangements qui ne nous
sont pas parvenus, redonna Verfontaine à l'abbaye de Saint-Etienne
de Dijon.

administration à chacune desdites parties, sauf en ce qui concernait les droits réservés exclusivement au prieur. Le même seigneur reconnaissait aussi que le prieuré conserverait en toute propriété la grange apppelée *la Bergerie* avec les terres en dépendant ; qu'il aurait la moitié du produit des chasses dans les bois, de la pêche des eaux courantes, des abeilles et des pâturages, avec des droits d'usage dans les bois, les pâturages et les cours d'eau de la terre d'Autrey. Enfin il s'interdisait, pour lui et ses successeurs, le droit de vendre ledit village, de l'engager, de le donner soit en toute propriété, soit même en usufruit (1).

En 1329 le village de Broye existait encore, puisque Henri de Vergy, qui en était seigneur, en fit hommage à Jeanne, reine douairière de France et comtesse de Bourgogne (2). Depuis cette époque jusqu'en 1446, moment où l'emplacement où « il souloit exister » fut acensé à des cultivateurs venus d'une localité voisine, il n'est plus mentionné dans aucun titre. Comment a-t-il disparu? A quels événements faut-il attribuer sa destruction? A défaut de textes précis, on en est réduit à des conjectures. De 1329 à 1446, le comté de Bourgogne eut beaucoup à souffrir par suite des prises d'armes des barons contre le duc Eudes, des courses des Anglais et des Grandes Compagnies au XIVe siècle, et de celles des Ecorcheurs au XVe. Nous pensons qu'il faut attribuer aux courses des Anglais la ruine du village de Broye et la faire remonter à l'année 1360, quand Nicolas de Tamworth, lieutenant d'Edouard III, et William de Granson, l'un de ses capitaines, à la tête de troupes débandées et sans discipline, envahirent les vallées du Doubs et de la Saône, mettant tout le pays à feu et à sang,

(1) Fyot, *Loco citato*. — Voir aussi l'*Histoire d'Autrey, de sa seigneurie et de ses dépendances*, par l'abbé Mouton, curé de Poyans.
(2) *Histoire de la maison de Vergy*, par Du Chesne. *Preuves*, p. 240.

prenant d'assaut ou *échellant* par surprise les bourgs,
bonnes villes et abbayes (1). Nous fondons notre sentiment
sur le titre publié ci-dessous, par lequel sont acensés à
perpétuité « tous les meix, plâtres (2), cultiz (3), terres
arables et non arables, pre^{ls}, bois et autres droits compétens,
à une place appelée Broye étant en bois et ruinée et en
désert, tellement qu'il n'est nulle mémoire d'homme que
l'on y vit aucune habitation, demeurance ou maisonnement. »
En 1446, la destruction de la localité acensée remontait à
quatre-vingt-six ans. Les ronces d'abord, puis les arbustes
et les futaies mêmes avaient, par conséquent, eu grandement
le temps de recouvrir ses ruines, et quand on songe à la
rapidité avec laquelle s'effacent de la mémoire du peuple
les souvenirs des événements passés, on ne doit pas
s'étonner qu'il n'y eût « nulle mémoire d'homme que l'on y
vit aucune habitation, demeurance ou maisonnement. »

Quoi qu'il en soit, Broye avait été, soit avant, soit après
sa destruction, aliéné à titre gratuit ou onéreux par les
seigneurs de Vergy, qui y possédaient une chapelle au
XIIe siècle, en faveur de la commanderie des chevaliers
hospitaliers de Saint-Jean de Jérusalem, établis à la Romagne
près de Saint-Maurice-sur-Vingeanne dans le duché de
Bourgogne. Ce fut frère Hugues Fleuriot, comme procureur
de noble Jehan de Vienne, l'un des fils du fameux amiral
tué à Nicopolis, commandeur de la Romagne, de Ruelz et du
Temple de Chalon-sur-Saône, qui passa, le mercredi après
l'apparition de Notre-Seigneur de l'année 1446, avec Jehan
Mutin, de Champagne-sur-Vingeanne, Jehannotte sa femme,
et leurs enfants Pernot, Huguette et Jehannotte; Jean

(1) Voir nos *Recherches sur les incursions des Anglais et des Grandes
Compagnies dans les deux Bourgognes*, pp. 51 à 54.

(2) Vieux mot, écrit plus généralement *plaistre*, signifiant
place à bâtir.

(3) Jardins.

Ganbeuvre et Jehannotte sa sœur, du même lieu ; Pernot
Sonot, de Gevigney, Ligière sa femme, et leurs enfants ;
Monnot Sonot et Jehannotte sa femme ; Jehan Sonot et
Jehannotte sa femme ; Jacquot Sonot ; Parisot Sonot et
Jehannotte sa sœur, un traité par lequel il leur acensait
l'emplacement du village ruiné de Broye avec son
territoire, confiné d'un côté par les bois d'Autrey et le
territoire de Lœuilley, et de l'autre par celui de Champagne-
sur-Vingeanne, à condition que lesdits particuliers et leurs
familles viendront s'établir et habiter audit Broye, essar-
teront les bois et déserts dudit finage, y feront tous
labourages, curtilz et *meix* nécessaires, s'engageront à rester,
eux et leurs hoirs, les hommes du commandeur et de ses
successeurs, sans être toutefois mainmortables et *de nulle
condition serve*, et paieront par chaque feu et ménage à
leur seigneur, à chaque Saint-Martin d'hiver, la taille de
deux gros, une dîme de treize gerbes l'une sur tous les
grains provenant des champs labourés. Grâce à la clause
portant affranchissement de la mainmorte stipulée en faveur
des habitants, la population de ce village ne tarda pas à
s'accroître et son territoire fut rapidement défriché. Quoique
ayant eu de nouveau beaucoup à souffrir pendant la
période française de la guerre de Trente-Ans, au moment où
il fut occupé par les troupes impériales commandées par
Gallass, venues pour faire lever le siége de Dole, il n'en
comptait pas moins au XVIII° siècle parmi une des bonnes
communautés du bailliage de Gray.

A cette époque (1779-1783), les habitants eurent à soutenir
au bailliage de Gray un procès contre le sieur Thomas
Rousselot, fermier de la commanderie de la Romagne,
d'abord au sujet du droit prétendu par ledit fermier de
prendre du bois dans les forêts de la communauté, puis de
percevoir la dîme de treize gerbes l'une, non-seulement sur
les graines qui se lient, comme les froments, avoines, etc.,

mais aussi sur celles qui ne se lient pas, comme les pois, lentilles, mais, etc. Ce fut dans le cours de ce procès que fut produit un extrait authentique du titre primitif de 1446. Nous savons aussi que les habitants furent déboutés sur le premier point et remportèrent gain de cause sur le second. A défaut de l'original passé jadis devant l'official de Langres, gardé jusqu'à la Révolution dans les archives de la communauté et disparu depuis, cet extrait nous retrace, du moins en partie, les conditions de la restauration du village de Broye, que les nomenclatures officielles appellent encore Broye-les-Loups, conservant ainsi inconsciemment le souvenir de l'état de misère et de solitude dans lequel le trouvèrent ses nouveaux habitants.

Le village voisin de Verfontaine eut à subir les mêmes vicissitudes. Dans le cours du XIV° siècle, il fut aussi ruiné de fond en comble « tant par la fortune de la guerre, des gens d'armes, des mortalités, comme autrement. » En 1457 il était « demeuré inhabitauble, du tout en tout en désert et ruyné. » Son emplacement appartenait toujours au prieuré d'Autrey, dépendant de l'abbaye Saint-Etienne de Dijon ; mais la seigneurie n'en était plus que nominale, après avoir « porté sur un lieu où il souloit avoir vilaige et plusieurs habitans qu'illec souloyent demeurer, habiter et labourer, lesquels par ce temps payoient aux prédécesseurs prieurs dudit Autrey tailles, dixmes, courvées, censes, rentes, gelines et autres redevances appartenans à signories, avec juge, mayeur et sergent qui cognoissoient de tous cas tant criminez que civilz, dont l'esglise dudit Autrey et aussi icelle dudit Vertfontaigne, qui est une chappelle fondée en l'onneur et révérence de la glorieuse benoîte Vierge Marie, en laquelle à chascun an grant et beaul apport de pelerins, ont ehuz et soustenuz de très-grans et innombrables dommaiges. » Le 1er mai 1457, religieuse et discrète personne frère Hugues Chrestiennot, religieux de l'abbaye Saint-Etienne de Dijon, prieur d'Autrey et seigneur de Verfontaine, passa pardevant Gauthier Esprit, tabellion général de l'official de Langres à Autrey, avec Jehan Mairot dit des Molins, un traité par lequel ce dernier, après s'être reconnu pour lui, ses hoirs et ayans-cause, l'homme-lige dudit prieur et de ses successeurs et leur sujet en toute justice, tout en étant déclarés, lui et les habitants qui s'établiront à l'avenir audit lieu, *francs et quites de la servitude de mainmorte*, s'est engagé : à venir fixer sa résidence dans ledit lieu de Verfontaine ; à payer une taille abonnée fixée à deux gros vieux par feu et ménage le jour de la Saint-Etienne, lendemain de Noël, la dîme à raison de quinze gerbes l'une sur toutes les graines provenant des labourages, ainsi que les menues dîmes et celles des agneaux et de la laine, telles qu'elles sont perçues dans les localités voisines, à Autrey, Saint-Seine, Champagne-sur-Vingeanne, Lœuilley ; une géline par feu et ménage à carmentrand ; à construire dans le laps de trois ans « une maison et grange bonne et convenable pour eux et leursditz biens abergier et y faire leur demeurance et habitation, » avec la réserve toutefois que jusqu'au jour de la fête Saint-Jean-Baptiste de l'année 1458, « aucunes tailles ne autres servitutes quelxconques » ne seront payées audit prieur par ledit Jehan des Molins et ses cohabitants, qui auront le droit, autorité et pouvoir de labourer tout le territoire ; de défricher et essarter tous les buissons qu'ils trouveront nuisibles à leur labour, ainsi que les bois et fourrés « au moings maul (mal), » de prendre tout le bois nécessaire pour leur chauffage, la construction et réparation de leurs maisons, à condition de demander au prieur l'autorisation de couper le bois qui leur sera nécessaire ; de faire pâturer leurs bestiaux dans lesdites forêts en vaine pâture, la vive étant réservée au prieuré ; enfin d'avoir un four qui sera construit aux frais du prieur.

Le traité fut approuvé par Thiébaud Viard, licencié en

décret, abbé du monastère Saint-Etienne de Dijon, le 7 juillet 1466. D'après l'*Histoire de la seigneurie d'Autrey* déjà citée, dix ans plus tard, à la suite de l'invasion du comté de Bourgogne par les troupes de Louis XI sous les ordres d'Amboise, les religieux de Verfontaine, privés de leur gardien et protecteur naturel Guillaume de Vergy, fait prisonnier sous les murs de Nancy, après avoir vu leur monastère saccagé et incendié, rentrèrent à Dijon, à l'abbaye-mère. Le prieur se retira à Autrey et resta, ainsi que ses successeurs, seigneur de Verfontaine. Le village se releva insensiblement de ses ruines et compte aujourd'hui trente-cinq maisons.

Copie de requête du sieur Rousselet, fermier de la seigneurie de Broye-les-Loups, contre les sieurs Clément et Nicolas Bolet et autres particuliers dudit lieu, refusant de payer la dîme des graines qui ne se lient pas, avec demande de mise en cause du seigneur (2 septembre 1779) ; à laquelle est joint l'acte d'acensement et fondation dudit lieu de Broye par « religieuse et discrète personne frère Hugues Fleuriot, de l'ordre de Saint-Jean de Jérusalem, procureur de noble seigneur et religieux en Dieu d'icelui ordre Jehan de Vienne, commandeur des baillis de la Romaigne, de Ruelz et du Temple de Chalon-sur-Saône. » (1446.)

(Archives communales de Broye-les-Loups.)

A tous ceux qui ces présentes lettres verront et orront, A. official de la court de Langres, salut en Nostre Seigneur. Savoir faisons qu'en présence de nostre amé et féal Gérard Chauleret, de Saint-Maurice-sur-Vigenne, tabellion juré de nostre cour dudit Langres, auquel, quant aux choses ci-dedans escrites, nous ajoutons plénière foy pour ce, sont venus personnellement pardevant nostredit juré et spécialement pour faire si comme ils disoient, religieuse personne frère Hugues Fleuriot, de l'ordre de Monsieur Saint-Jean de Jérusalem, procureur et par nom de procureur de noble seigneur et religieux en Dieu d'icelui ordre Jehan de Vienne, commandeur des baillis de la Romaigne, de Ruelz et du Temple de Chalon-sur-Saône et tous ses membres et appartenances d'icelles, d'une part, et Jehan Mutin, demeurant à Champagne-sur-ladicte-Vigenne, Jehannotte sa femme, tant pour eux comme pour Pernot, Hugotie, Jehaunotte leurs enfants, et aussi eux se faisant forts pour Jean Ganbeuvre et Jannotte sa sœur, dudit Champaigne ; Pernot Sonot, de Geveigney, pour lui, Ligière sa femme, leurs hoirs et ceux d'eux ayans-cause ; Monnot Sonot, pour lui, Jehannotte sa femme, leurs hoirs et ceux qui d'eux auront cause ; Jehan Sonot, dudit lieu, pour lui, Jehannotte sa femme, leurs hoirs et ceux d'eux ayans-cause ; Jacquot Sonnot ; Parisot Sonnot, pour lui, Jehannotte sa sœur, et autres, d'autre part.

Lesquelles parties d'une part et d'autre ont connu et confessé, pardevant nostredit juré, avoir fait entre elles, et font par ces présentes, les traités qui s'ensuivent : C'est à savoir que ledit procureur, pour et au nom dudit commandeur de la Romaigne et de ses successeurs commandeurs, a baillié, cédé, quitté et transporté par pure et irrévocable bail fait entre les vifs cy-dessus *(sic)* Jehan Mutin, Jehannotte, sa femme, et leurs suyvans cy-nommés, pour toujours mais, en héritage perpétuel, tous les meix, plâtres, cultiz, terres arables et non arables, prels, bois et autres droits compétens, à une place appellée Broye, étant en bois et ruinée et en désert tellement qu'il n'est nulle mémoire d'homme que l'on y vit aucune habitation, demeurance ou maisonnement ; laquelle place dudit Broye compète et appartient audit commandeur, confinant es bois d'Autrey d'une part, et la fin de Lœuilley d'autre part, aboutissant sur le finage de Champaigne, en laquelle souloit avoir une place appellée Broye. Et a été fait ledit bail par ainsy que lesdits retenteurs dessus nommés sont et seront tenus d'aller demeurer et faire demeurance et habitation à leurs dépens audit Broye, d'esserter les bois et déserts dudit finaige, y labourer et faire tous labourages, cultiz et meix ; moyennant quoy les dessus nommés et leurs hoirs sont et demeureront hommes du commandeur et de ses successeurs commandeurs, sans être mainmortables et de nulle condition serve ; moyennant que chacun manant, résidant et faisant feu audit Broye, est et sera tenu de payer audit seigneur commandeur et à ses successeurs, chascun an au lieu de Broye, à la Saint-Martin d'hiver, deux gros. Item seront tenus les cy-dessus nommés de chascun an payer, au profit dudit commandeur et de ses successeurs commandeurs, le dixme de tout labourage qu'ils feront, cultiveront et laboureront audit finaige, de treize gerbes l'une, lequel dîme ou gerbes lesdits retenteurs et leurs hoirs seront tenus d'amener et charroyer à leurs dépens dès les champs, et ne pourront décharger les gerbes s'ils n'appellent avant trois fois à haute voix en la charrière ou en place commune, le rentier ou dîmeur dudit commandeur, et s'il ne vient après les trois cris, iceux rétempteurs pourront décharger et compter leurs gerbes, gardant le droit dudit commandeur, c'est à savoir de treize gerbes l'une, etc. Les présentes lettres furent faites et données audit Champaigne-sur-Vigenne, le mercredy après la fête l'Apparition Nostre-Seigneur, en l'an d'icelle courrant mil quatre cens quarante-six. Présens : Simon Garnier, Jacquot Lenot, Pierre Brun, Jacquot Perrotte dudit Champaigne, témoins à ce appellés et requis. Ainsi signé : G. Choleret. Scellé à Gray, signé : Bertrand. Collationné à Gray par maître Claude-Agapit Cournot, notaire royal en ladite ville, le quinze mars 1779, signé : Cournot, notaire. Contrôlé, etc.

Extrait tiré des reconnaissances générales faites au terrier de la commanderie de la Romagne pour la partie des fonds qui en dépendent situés dans la partie du comté de Bourgogne, envers messire Claude de Saint-Simon, commandeur de ladite commanderie.

Et du depuis le second mars mil sept cens cinquante, je Samson Champyon, notaire royal, demeurant à Champlitte, commissaire dénommé aux actes cy-dessus, m'étant rendu à Broye-les-Loups, en la maison du sieur Samson Mougeot, marchand audit lieu, est comparu le sieur Pierre-Antoine Comte, bourgeois, demeurant audit Champlitte, comme procureur spécial dudit seigneur commandeur, lequel m'a représenté les placards et affiches faits pour parvenir à la confection dudit terrier, etc. Sur quoy les habitans représentans la plus saine et majeure partie de ladite communauté de Broye, savoir : le sieur Claude-François Ménétrier, bourgeois et échevin en exercice dudit Broye, le sieur Samson Mougeot, François Jeudy, la veuve Noblot, Jean-Pierre Gérard, Louis Lallemand, C.-L.-Antoine Robelet, la veuve du sieur Simon Mougeot, la veuve Moron, le sieur Alexis Chenillet, Antoine Faney, Barde Dijon, Marguerite Dornier, Edme de Dijon, le sieur Bénigne Pouliot, Cl.-F. Robelet, Cl.-F. Lallemand, Pierre Perrey, Dominique Gérard, Claude Virot, Barbe Aubriot veuve Fludiot, et Mathieu Thiébaud, tous demeurans audit Broye, lesquels après serment qu'ils ont prêté entre nos mains, que ledit sieur commandeur est seul seigneur haut-justicier, etc. etc. Plus reconnoissent que ledit seigneur a droit d'épaves, etc. Plus reconnoissent et déclarent que ledit seigneur commandeur a droit de dixme de tous grains et généralement de tout ce qui se sème dans l'étendue du territoire et finage dudit Broye, à raison de treize gerbes l'une et de treize l'un ; lequel dixme se perçoit sur la grange des habitans qui ont déclaré être tenus d'appeller les fermiers ou ceux qui lèvent lesdits dixmes, etc. etc. Ce qui a été ainsi fait audit Broye ledit jour second mars 1750. Présens, etc. Signé à la minute : Champyon. Collationné le 16 mars 1779, signé : Denys, notaire. Contrôlé, etc.

Requête du fermier de la seigneurie de Broye au sujet de la perception de la dîme.

A Messieurs les lieutenant général, assesseurs et conseillers aux bailliage et siége présidial de Gray, supplie humblement le sieur Thomas-Joseph Rousselet, négociant, demeurant à Gray, et dit :

Que par acte reçu des notaires Lambert et Jo rd'heuil, le 10 septembre 1777, contrôlé, il a affermé de messire Louis de Witassé-Gaucourt, chevalier de l'ordre de Saint-Jean de Jérusalem, commandeur de la Romagne, les revenus de cette commanderie ou du moins partie d'iceux et spécialement les revenus de la terre et seigneurie de Broye-les-Loups, dépendans de ladite commanderie. De cette seigneurie de Broye-les-Loups dépend, entre autres, le droit de percevoir une redevance ou dîme de toutes espèces de grains qui se labourent, sèment et recueillent dans toute l'étendue du territoire, à raison de treize l'un. En conséquence des titres et reconnaissances, le suppliant s'est présenté lors de la récolte et par le fait de ses gens pour percevoir ladite redevance ou dîme, mais plusieurs particuliers se sont mis en refus de luy délivrer le treizième des chenevières, pois, turquie et autres grains insolites ; ce qui l'a déterminé à faire assigner pardevant vous Claude et Nicolas Bollet et Jean Guillemet, Claude-Nicolas et Anne Lallemand et Nicole Robelet, leur mère, pour les faire condamner à la livraison ou au payement dudit droit. Tous adoptent le même moyen, quoique défendant séparément ; ils s'excusent et refusent et soutiennent ne devoir le droit que des quatre gros grains, tels que froment, seigle, orge et avoine ; mais ils interprètent mal les titres et surtout une reconnaissance générale faite par tous les habitans dudit Broye en 1750, et le titre originaire et constitutif de 1446, qui seront signifiés avec les présentes. Ce n'est pas ici une simple dîme, c'est un agrier, un champart, une espèce de terrage. Ils doivent ce droit sur tous labourages, sur tout ce qu'ils feront, cultiveront et laboureront audit finage ; le mot de gerbe n'est qu'exemplatif, et non limitatif, exclusif. Comme tous les autres possesseurs sont dans le même cas et la même intention de refus, pour ne pas multiplier les instances et les procédures, le suppliant demande la jonction de ces instances et en même temps le mis en cause du seigneur pour lui garantir ce droit qu'il a affermé et que luy seul peut soutenir, et de la communauté, pour n'avoir qu'un titre commun sur tous.

Ce considéré, Messieurs, il vous plaise donner au suppliant acte de l'employ qu'il fait du contenu en la présente requête pour moyens de répliques, pour, en jugeant, luy adjuger les conclusions qu'il a choisies, et cependant ordonner que les parties viendront à votre prochaine audiance pour ouïr dire que jonction sera faite desdittes instances pour y être statué par une seule sentence, et qu'avant faire droit ledit seigneur commandeur et les habitans et communauté de Broye-les-Loups seront appellés et mis en cause ; ordonner au surplus que la présente sera signifiée et sur icelle plaidé, et ferez justice. Signé : Dubois, prieur.

Appointement : Acte soit signifié et viennent parties à l'audiance. A Gray, le..... septembre mil sept cent soixante-dix-neuf. Signé : Barberot d'Autet.

« Le procureur Prieur, occupant pour le sieur Rousselet, demandeur, déclare à maître Pariset, procureur de Claude et Nicolas Bollet, Jean Guillemet Claude, Nicolas et Anne Lallemand, et Nicole Robelet, leur mère, tous défendeurs : qu'il donnera les qualités de la cause d'entre les parties à la première audiance utile du bailliage présidial de Gray, tombante après trois jours francs, ou autres suivantes au besoin, et y fera rendre sentence tant en présence qu'en absence, dont acte, signé : Prieur.

Prieur.

Signifié à maître Pariset pour ses parties en parlant à son clerc, le deux septembre mil sept cent soixante-dix-neuf.

Magnin.

Affranchissement des habitants de Verfontaine par le prieur d'Autrey. (1er mai 1457.)

(Archives de la Haute-Saône, série G, 105.)

A tous ceulx qui verront et orront ces présentes lectres, l'official de Langres, salut. Savoir faisons que pardevant nostre amé et féal Gauthier Esprit, demeurant à Autrey, tabellion juré de nostredicte court de Langres, auquel quant aux choses cy après escriptes et à plus grans en lieu de nous oyr et recepvoir, nous adjoustons plénière foy, vindrent en leurs propres personnes pour ceste chose fère s'ilz comm'ilz disoient, religiouse et discrète personne frère Hugues Chrestiennot, religieulx de l'abbaye de Monseigneur Saint-Estienne de Dijon, prieur d'Autrey et seigneur de Vertfontaine, d'une part, et Jehan Mairot, autrement dit des Molins (1), d'autre part ; disant et affirmant ledit prieur que

______

(1) Ce Jehan Mairot était probablement originaire du village d'Esmoulins (canton de Gray), situé à peu de distance de Verfontaine.

à cause de sondit prieurey dudit Autrey il est seigneur dudit
Vertfontaingne, en tous drois quelxconques et en toute
justice haulte, moyenne et basse ; auquel lieu de Vertfontaingne soilloit avoir vilaige et plusieurs habitans qui illec
souloyent demeurer, habiter et labourer ; lesquelz par ce
temps payant aux prédécesseurs prieurs dudit Autrey, tailles,
dixmes, courvées, cences, rentes, gélignes et autres redevances appartenans à seignories ; et en en icelluy lieu de
Vertfontaingne soulloit avoir juge, mayeur et sergent qu'il
cognoissoient de tous cas tant criminez que civilz. Auquel
lieu de Vertfontaingne, tant par la fortune de la guerre, des
gens d'armes, des mortalités comme autrement, est demeuré
inhabitauble, du tout en tout en désert et ruyne, dont
l'esglise dudit Autrey et aussi icelle dudit Vertfontaingne,
qu'il est une chappelle fondée en l'onneur et révérence de la
glorieuse benoîte Vierge Marie, en laquelle à chascun an
grant et beaul apport de pelerins ont ehuz et soustenuz de
très-grans et innombrables dommaiges. Ainsin est que
aujourd'huy, date de ses présentes, lesdites parties estans
et comparoisans pardevant nostredit juré et en la présence
des tesmoings soubscriptz, sans force ou aucune contraincte,
non déceuz, barestez ou circonvenuz d'aucuns en aucunes
manières, mais de leurs pure et franche libertez, volunté,
saiges saichans et bien avisés et certiourés de leurs fiez et
drois, grande et meure délibéracion et conseil sur ce ehuz
comme ilz disoyent, ont coigneu et publiquement confessez
eulx entre eulx avoir faiz. . . . . . . traictier, accourder et
convenancier, et par la teneur de ses présentes font. . . . . . .
traictant, accourdant et convenant les acors, traictés et
convenances sy après escriptes, déclarées et devisées en la
manière que s'ensuyt. . . . . . .

C'est assavoir que audit jour d'huy, date de sesdites
présentes, ledit Jehan des Molins est venu et s'est treuvé
pardevers ledit prieur en luy suppliant et requérant très-

humblement qu'il y pleut de le recepvoir à son homme, et
y estoit prest et tout délibéré de luy faire hommaige et de
obéy à luy comme bon et vray seugectz doit faire à son
seigneur ; lequel prieur voyant la seignourie dudit Vertfontaingne estre en grant ruyne et désers, désirant le bien,
honneur et proffit et avancement de sondit prieurer et dudit
Vertfontaingne, aussi obtempérant à la supplication et
requeste dudit Jehan des Molins, luy a ouctroyé et consantu.
Lequel Jehan des Molins incontinant ce fait se avouha
homme dudit prieur et seigneur dudit Vertfontaingne, dist
qui vuilloit estre homme quicte et liege d'iceluy prieur, et
qui ne vuilloit dès lors en avant avoir ne avouher autre
seigneur que ledit prieur et ses successeurs prieurs dudit
Autrey et seigneurs dudit Vertfontaingne, iceluy prieur
présent, stippulant et sollempnement acceptant pour luy et
ses successeurs prieurs dudit Autrey et seigneurs dudit
Vertfontaingne, en recepvant ledit Jehan des Molins, pour
luy et aucuns habitans qui par le temps advenir porroyent
venir demeurer ou viendroient demeurer audit Verfontaingne,
à son homme ou ses hommes, franc et quicte de la servitute
de la morte-main, nonobstant de la geline, dont sy après
sera faite mention ; parmy ce que ledit Jehan des Molins et
lesdits autres cohabitans advenir seront tenuz de estre et
demeurer hommes d'iceluy prieur et de sesditz successeurs
prieurs dudit Autrey et seigneurs dudit Vertfontaingne pour
le temps à advenir et demeurer seugectz en toute justice
haulte, moyenne et basse, respondront pardevant son jugé
et y obéiront comme seugectz doit faire à son seigneur,
garderont le proffit et honneur dudit prieur, escheyront son
dommaige de tout leur povoir et luy feront savoir son
domaige et déshonneur quelque part qu'il pourront savoir
que l'on luy empourchassa point, ainsin et par la manière
que bons et loyaulx seugectz et hommes debvent faire à
leurs seigneurs. Parmy ce aussi que ledit Jehan des Molins

et ses autres couhabitans dudit Vertfontaingne advenir
seront tenuz de païer chascune taille habonnée audit prieur
et ses successeurs prieurs dudit Autrey et seigneurs dudit
Vertfontaingne ; c'est assavoir chacuns feuz deux groz viez
de monnoie courrant le jour de Saint-Estienne, landemain
de Noël, sous les peinnes en telz cas accoustumées. Seront
aussi [tenuz] ledit Jehan des Molins et ses cohabitans dudit
Vertfontaingne de païer chascun an audit prieur, sesditz
successeurs prieurs dudit Autrey et seigneurs dudit Vert-
fontaingue, dixmes de toutes graingnes que laboureront,
c'est assavoir de quinze gerbes une gerbe, telz blefs, que
laboreront es terres dudit Vertfontaingne, ensemble le menuz
dismes. Seront aussi tenuz de païer dixmes des aigneaulx
avec de la laingne, ainsin et par la manière que accoustumer
est de faire en telz cas aux villes voisignes dudit Vertfontaingne, comme à Autrey, Saint-Seigne, Champagne-sur-
Vingenne, Leuley et autres villes voisignes.
Item et seront aussi tenuz iceulx Jehan des Molins et ses
couhabitans de païer chascun an audit prieur ci sesditz
successeurs chascun feug une geline le jour de karème
prenant, nonobstant laquelle geline lesditz Jehan des Molins
et sesditz couhabitans demeurent quictes, francz et exemps
de la servitute de mainmorte, de la morte-main à laquelle
ledit prieur a renunciet, pour luy et sesditz successeurs
prieurs, et dès maintenant y renonce.
Item, et seront aussi tenuz lesditz Jehan des Molins et
sesditz couhabitans advenir de ung chascun d'eulx faire et
construire audit Vertfontaingne une maison et grange bonne
et convenable pour eulx et leursditz biens abergier, et y
faire leur demeurance et habitacion de deans le temps et
terme de trois ans prouchain venant ; lequel Jehan des
Molins et sesditz couhabitans ne seront tenuz de païer
aucunes tailles, ne autres servitutes quelxconques audit
prieur, ne à sesditz successeurs, jusqu'au jour et terme de

la Nativité Saint-Jehan-Baptiste qui sera en l'an mil quatre
cens cinquante et huit prochainement venant ; et parmy les
choses dessusdictes escriptes, ledict prieur habandonne et
[a] habandonné par sesdites présentes, audit Jehan des
Molins et sesdits cohabitans advenir, en leurs donnant povoir
et puissance et auctorité de labourer en par touté la fin
dudit Vertfontaingne, lay où ilz treuveront le mieulx à leurs
proffitz, et aussi de povoir assarter tous buissons qu'il
trouveront estre nuissant à la labeur, et avec ce de povoir
assarter es bois et fourées dudit prieur au moings maul ;
leur a aussi donné iceluy prieur puissance de povoir copper
et prandre toutes manières de bois mort pour leurs affouaiges
de leur hostel seulement, et avec ce ledit prieur, pour luy
et sesditz successeurs prieurs dudit Autrey et seigneurs
dudit Vertfontaingne, a donné et ouctroyé, donne et
ouctroye par sesdictes présentes, audit Jehan des Molins et
à sesdits couhabitans dudit Vertfontaingne, leurs usaiges en
sesditz bois et fourées dudit Vertfontaingne pour maisonner
audit Vertfontaingne tant seulement, sans le convertir en
autres usaiges ; lequel bois pour maisonner ilz ne pourront
prendre ne copper sans le demander audit prieur ou à
sesdits successeurs. Parmy laquelle chose ledit prieur, sesdits
successeurs seront tenus de leur en donner raisonnablement,
sinon ce que nécessitez leurs sera.

Leurs a aussi ledit prieur habandonné de pouvoir menez
toutes leurs bestes pasturer en la vaingne pasture en et par
tous lesditz bois et fourest en la fin dudict Vertfontaingne,
porveu qu'ils ne mésussent point. C'est assavoir que
conjoinctement ils ne puent nulles bestes estranges par
louhier ne aultrement pour icelles norir et gouverner en la
fin et appartenance dudit Vertfontaingne, seur peinue de
l'amende de soixante soulx appliquée audit prieur et à ses
successeurs, contre seluy ou ceulx qu'il feront ou pourroyent
faire lesdits mésus et de confiscation desdites bêtes. En

retenant et réservant par exprès par ledit prieur, pour luy et sesdits successeurs, la vive pasture en sesditz bois et fourées dudit Vertfontaingne toutes et quantes fois qu'il en y acharra, pour laquelle vive pasture ledit prieur ou nom que dessus, deffend par exprès audit Jehan des Molins et à sesdits couhabitans advenir, ses hommes et à tous autres généralement qu'il pourroyent venir demeurer audict Vertfontaingne et ce, seur peinne de soixante soulx d'amende contre ung chascun qui sera trouvée mésusant en ladicte vive pasture, exceptez pour leurs nourriens et la necessitez de leurs hostelz tant seulement et sans mésus.

Item et s'il leurs a habandonné ledit prieur de pouvoir vendre le bois de leurs essarts ou charbonnier et vendre ou que bon leur semblera et d'en faire leurs singuliers proffitz.

Item et parmi toutes et singulières les choses dessusdictes et une chacune d'icelles, ledit Jehan des Molins et sesdictz couhabitans, demeurans audit Vertfontaingne, auront un fourc pour leurs aisances, lequel ledict prieur sera tenu de faire affaire et construire à ses propres frais, misses et despens, et d'icelluy fourc se aideront et pourront aidier ainsin et par la manière que par ledit prieur et eulx ce sera aviser ensemble.

Item est traictier et acourdier encore et par icelles présentes que ce les bestes dudit Jehan des Molins et de sesdits couhabitans advenir dudit Vertfontaingne sont treuvées mésusant et pasturant es prelz dudit prieur, au cas que lesditz prelz seront souffisamment cloux, ils l'amanderont et payeront le domaige ; et se lesdictz prelz ne sont souffisamment cloux, ledit prieur a voulu et consentu, veult et consant par sesdictes présentes que lesdicts de Vertfontaingne soyent quictes et absoulx du dommaige et de l'amende aussi.

De et sur toutes les choses et une chacune d'icelles sydessuz, ledict prieur a resservé et resserve par sesdictes

présentes le bon plaisir et consantement de Révérand Père
en Dieu Monseigneur l'abbé dudit Saint-Estienne de Dijon,
comme seigneur et préland dudit prieurer, pour lequel avoir
ausdictz de Vertfontaingne ledict prieur sy employera de
tout son povoir, aux despens, frais et missions desdicts de
Vertfontaingne. Comme toutes choses sy-dessuz escriptes et
une chacune d'icelles accourdiez et passées par la manière
dessusdicte, lesdictes parties les ont cogneues et confassées
estre vrayes pardevant nostredict juré et en la présence
desdits tesmoins soulscripts. Promectant lesdictes parties et
une chacune d'icelles et mesmement ledit prieur en mectant
la main à la poitrine en parole de prebtre et par le verbe de
sa religion, pour luy et sesdits successeurs, et ledit Jehan
des Molins par son serment pour ce donné espécialement
fait et donné aux saints Evangilles de Dieu Nostre-Seigneur,
pour luy corporellement touché en la main de nostredict
juré, et avec ce soubs l'exprès ypothèques et obligacion de
tous et singuliers leurs biens ; c'est assavoir ledit prieur
soubs l'exprès ypothèques et obligation de sesdits biens et
de sesdits successeurs prieurs dudit Autrey, et ledit Jehan
des Molins de sesdits biens et des biens de sesditz hoirs,
mueubles et immeubles, présens et advenir quelxconques,
lesquelx quant ad ce ilz ont submis et obligier, submectant
et obligeant par sesdictes présentes à la juridicion, couher-
cition et contraincte de nostredicte court de Langres et de
toutes autres cours et juridicions spirituelle et temporelle
quelxconques, ces présens traictés avec tout le contenu en
sesdictes présentes lectres, avoir et tenir ferme estable et
aggréable perpétuellement, sans jamais aler ou faire venir
en contre par eulx ne par autres, ne consantir que autres y
aillent en appert ne en requoy ou autrement en quelque
manière que ce soit, sur peine de rendre et restituer l'une
des parties à l'autre, à l'une tous iceulx frais, missions et
dommaiges que l'une des parties pourroit avoir faiz, euz,

soubstenuz et encouruz contre l'autre partie, ne l'autre
contre l'une desdites parties par deffault de l'accomplissement
et entretiennement des choses dessusdictes et d'une chacune
d'icelles. En renunçant par icelles parties de leur certaigne
science et par leurs devantdictz serremens à toutes et singulières exceptions, déceptions, cauthelles, cavilations, barestz,
subterfuge, deffense et raison, et généralement à toutes
autres et singulières choses quelxconques de fait, de droit
ou de costume que l'on pourroit dire ne proposer contre la
teneur de sesdites présentes, mesme au droit disant la générale renunciation non valloir se l'espéciale ne précède.
En tesmoing de laquelle chose nous, official devant nommez,
à la féalle relacion de nostredit devantdit juré que les choses
dessusdictes nous a rapportées estre vrayes et en sa présence
avoir esté faictes, dictes et passées, avons fait mectre le scél
de nostredicte court de Lengres à sesdictes présentes lectres,
qui furent faites et passées à Saint-Seigne-sur-Vingenne le
premier jour du moy de may l'an mil quatre cens cinquante
et sept. Présens discrètes personnes messires Lucas Daubin et
messire Hugues Martin, prebtres, Thevenon Proudon et
Bernard Martin, demeurant audit Saint-Seigne, tesmoings ad
ce appellez et requis. Ainsin ꝓ G. Esperit.

   Donné par coppie par moy notaire soubscriptz.

A. de Fribourg.

A tous ceulx que ces présentes lectres verront et oirront,
salut. Nous Thiébault Viard, licencié en décret, humble abbé
du monastère de Saint-Estienne de Dijon de l'ordre de Saint-
Augustin ou diocèse de Lengres et tout le couvent dudit
monastère pour ce assemblé en la manière accoustumée,
savoir faisons que se jourd'huy date de ceste sont venuz et
comparuz pardevant nous oudit monastère Jehan Mairet dit
des Molins et Perrenin Pellétey, habitans et en nom d'abitans
de Vertfontaingne près d'Autrey, lesquelx nous ont monstré
et fait proncte foy des lectres faictes et passées dès pieça

entre religieuse personne frère Chresptiennot, religieux et cochanoigne dudit monastère de Saint-Estienne de Dijon, prieur d'Autrey, membre et seugect d'iceluy monastère et seigneurs temporels en toutes justices dudict Vertfontaïngne à cause d'iceluy priorey d'une part, et ledict Jehan Mairet autrement dit des Molins pour luy et tous autres habitans qu'il pourroyent et pourront estre oudit lieu de Vertfontaingne d'autre part, touchant les choses contenues et déclarées bien au long esdictes lettres, en et parmy lesquelles ses nos présentes sont inffixées, et nous ont requis ledit Jehan Mairet dit des Molins et Perrenin Pelletey, habitans et en nom d'abitans que dessus, nostre plaisir fut et soit de consantir, louher, gréer et aprouver le contenu esdictes lectres selon leur forme et teneur. Pourquoy nous après ce que avons veues, leues et tenues et fait veoir et lire lesdictes lectres, qui nous a apparu le contenu d'icelles estre le proffitz et utilitez dudit prieurer d'Autrey, membre et seugectz dudit monastère de Saint-Estienne dudit Dijon, nous avons consantuz, louhé, gréé, ratiffié et aprouvé, consantons, gréons, ratiffions et aprouvons par ceste lesdictes lectres et tout le contenu en icelles, et les avons chues et avons pour aggréable, selon que par ledict prieur elles ont estées passées, traictées et acourdées. Et en tesmoing naige de ce et en signe de vérité, nous avons sceelées ses présentes de mon scel, cy mis avec le soing manuel du notaire soubscript à nostre requeste. Présens : Pierre Moureux, escuier, chastelain de Saint-Seigne-sur-Vigenne, Symonnot Tirepain, clerc, et Humbelot Brenier, boulangier, demeurans à Dijon, tesmoings ad ce appellez et requis, le diemanches vingt et septiesme jour de juillet l'an mil quatre cens soixante et six. Ainsi signé : J. Prévost.

Donné par coppie par moy notaire soubscripz.

A. de Fribourg.

Charte d'affranchissement

DES HABITANTS DE CHAMPVANS-LES-GRAY.
(1450.)

Les archives communales de Champvans-les-Gray (Haute-Saône) possèdent, entre autres titres précieux, la charte d'affranchissement qui fut accordée aux habitants de cette localité par leur seigneur Philibert de Vaudrey en 1450, ainsi que les lettres-patentes de Philippe-le-Beau, duc et comte de Bourgogne, confirmant ces franchises en 1495. Ces documents étant complétement inédits, leur publication pourrait jeter quelque lumière non-seulement sur des faits se rapportant à l'histoire locale, mais aussi sur l'état social, les besoins moraux et matériels et les aspirations des populations agricoles du comté de Bourgogne au milieu du XVe siècle.

La seigneurie de Champvans appartenait de toute antiquité à l'illustre maison de Vergy quand, vers 1448, elle passa, par suite d'une alliance, dans les mains de Philibert de Vaudrey, grand-bailli d'Amont, écuyer tranchant du duc Philippe-le-Beau et l'un des plus vaillants capitaines des armées bourguignonnes, où il commandait l'artillerie. Ce fut en effet à leur tête qu'il repoussa les bandes d'Ecorcheurs dans leur tentative sur le château de Montbard, prit une part active à l'expédition du duc dans le Milanais, et périt vers 1453 en attaquant les Gantois révoltés. (Gollut, pp. 1148-1752.)

Trois années auparavant, probablement à son retour d'Italie, il avait affranchi ses sujets de Champvans.

Le préambule de cette charte de franchises constate qu'à cause de la macule de mainmorte dont étaient flétris les habitants dudit lieu, « corvéables et taillables à volonté deux fois l'an et chargés de plusieurs autres servitudes, » ils ne pouvaient « trouver hommes ne femmes estrangiers qui se veulent venir marier audit lieu, » Les localités voisines jouissant toutes depuis longtemps de franchises municipales, Champvans se trouvait ainsi, vis-à-vis d'elles, dans un état d'infériorité. Sa population diminuait, et il devait y aller autant de l'intérêt du seigneur que de celui de ses sujets, d'apporter un prompt remède à cette triste situation.

Philibert de Vaudrey, en considération de son nouvel avénement, « de la bonne amour et affection qu'iceulx habitans ont à lui et qu'il espère qu'ils auront à l'avenir à lui et à ses hoirs et successeurs, » et afin que « doires en avant ils se puissent mieulx accroistre en nombre des habitans et de chevances (habitations), » les affranchit eux, leurs hoirs et successeurs, des servitudes suivantes : 1° de la mainmorte, c'est-à-dire qu'à l'avenir les habitants pourront succéder les uns aux autres en ligne directe et collatérale, en payant au seigneur un sol estevenins et au maire douze deniers estevenins pour une fois, comme droit d'entrée en jouissance, aliéner ou échanger leurs immeubles en payant le droit de scel, qui est du huitième denier, marier leurs enfants où bon leur semblera et les doter comme ils le voudront, tester et léguer à défaut d'héritiers légitimes selon leur bon plaisir ; 2° de la taille à volonté deux fois l'an « que l'on avoit accoutumé de haulcer, » et qui est remplacée par un abonnement de quarante livres tournois tenant lieu des tailles de *vahin* (temps de l'avent) et de la mi-carême ; cette somme de quarante livres sera répartie entre tous les habitants de Champvans, qui resteront soumis aux autres corvées « de charrois, d'ost, de chevallerie, de ban et de rière-ban, de pourter lettres et auctres charges accoutumées. »

Les habitants de Champvans continueront à jouir comme par le passé de la propriété de leurs bois communaux et en outre de l'usage du mort bois pour leur chauffage et du bois mort « tombé, déraciné, abattu par fortune de vent ou autrement, pour les réparations et maintiennemens de leurs maisons et cloisons de leurs champs, » dans toute l'étendue des bois appartenant au seigneur. Ils auront le droit de s'assembler « par cry ou par commandement à eulx fait par le maire ou le sergent de la seigneurie, » pour s'occuper des affaires de la communauté, passer ou révoquer procuration, faire la répartition « des sommes de deniers nécessaires par le fait de leur église, de leurs tailles ou de leurs procès, » élire leurs prud'hommes, leur receveur pour le recouvrement des impositions, et examiner les comptes qui leur seront présentés de la gestion des deniers communaux.

Ces franchises furent confirmées en 1495 par Philippe-le-Beau, et en 1539 par Philippe de Malans, à la suite d'un procès au sujet de la propriété de certains « buissons et bocaiges » que les habitants avaient défrichés, et qui, au prix de dix écus d'or, leur furent laissés en toute propriété.

Charte d'affranchissement des habitants de Champvans-les-Gray par Philibert de Vaudrey, leur seigneur, en 1450.

(Archives communales de Champvans-les-Gray.)

Philibert de Vauldrey, escuier, seigneur de Champvans-lez-Aspremont, conseiller et chambellan de Monseigneur le duc et conte de Bourgogne et son bailli d'Amont oudit conté, sçavoir faisons............. Comme de nouvel nous soyons devenuz seigneurs dudit Champvans en toute justice haulte, moyenne et basse de la plus grant et saine partye de tous les hommes et femmes dudit lieu et de tous leurs tenemens, et lesquelx de toute ancienneté sont et ont estez tenuz et réputez ça en arriers hommes de mainmorte corvéables et taillables a volentey deux fois l'an et chargés de

plusieurs autres servitutes, et desquelles lesdits habitans se
sentent fort chargiés, parquoy ils ne se peulent aucunement
avancer et mesmement qu'ils ne peulent trouver hommes
ne femmes estrangiers, qui se veulent venir marier audit
lieu ne panre fille d'aucuns desdits habitans, estant les
chargès et servitutes dont ilz sont estez et sont encoures
chargiez; et pour ce iceux noz hommes et subjectz dudit
Champvans nous ont prié et requis que, en faveur de nostre
nouvelle seigneurie, leurs vousissions fère aucune gratuytey
de franchise et liberté pour eulx, leurs hoirs et successeurs
habitans de ladite ville, et eulx pourveoir ad ce que dit est.
Pourquoy nous, oye leur complainte et inclinans à icelle,
considéranz aussi la bonne amour et afection que iceulx
habitans ont à nous et que espérons qu'ilz auront, ou temps
advenir à nous et à nos hoirs et successeurs, seigneurs et
dames dudit Champvans, et affin que doires en avant ils se
puissent mieulx acroître en nombre de habitans et de
chevances, à iceulx habitans nosdits hommes bourgeois et
bourgeoises dudit Champvans dès maintenant pour le temps
advenir, pour nous, nos hoirs et successeurs, seigneurs et
dames dudit Champvans, pour iceulx habitans, leurs hoirs
et successeurs habitans hommes de nostredite seigneurie
dudit Champvans, avons donnez, cédey, quictey, ouctroyé et
requis, et par ces présentes lectres donnons, cédons,
quictons, ouctroyons et remectons par cesdites présentes les
charges et servitutes que sensuyvent et en la manière dont
cy-après sera faict mention.

Et premièrement, leurs donnons, quictons et remettons la
servitute de mainmorte en telle manière que nous vuillons,
et consentons pour nous, noz hoirs et successeurs, seigneurs
et dames dudit Champvans, que lesditz habitans puissent
succéder les ungs aux aultres de ligne en ligne, soit directe
ou collatéralle, tant comme ilz pourront en légnaigier à
tous biens meubles, immeubles et acquestz, sans jamais par

nous, nosdits hoirs et successeurs, seigneurs et dames dudit lieu, quérir sur iceulx habitans ne sur aucun d'eulx servitute de mainmorte, sinon au deffault desditz hoirs légitimez dessusdictz et moyennant ce que lesditz habitans panront lesdites hoiries et succession par la main du maire du lieu, en payant au seigneur dudit lieu pour entrer ung solz estévenins pour une fois, et au maire dudit lieu douze déniers estevenins pour une fois ; pourveu touteffois que se aucuns desditz habitans présens et advenir lassassent ledit lieu pour aller demeurer aillieurs comme habitans d'aucun autre lieu ou lieux, ilz retourneront et demeureront esdites condicions serve et de mainmorte comme par avant estoient avant l'ouctroy et concession de ces présentes.

Item vuillons et consantons pour nous, noz hoirs et successeurs, seigneurs dudit lieu, que lesditz habitans, noz hommes et bourgeois dudit lieu puissent vendre et aliéner leurs héritaiges les ung aux aultres et à tous autres que d'iceulx vouldront estre hommes dudit seigneur de Champvans et les déservir sur le lieu dudit Champvans, moyennant ce que desditz vendaiges seront faictes lectres et passées soubz le scellé dudit seigneur de Champvans, payant audit seigneur pour l'émoluement de son scel le huitiesme denier, et que les lectres dudit vendaige et transport soient faictes par le tabellion local dudit Champvans, lequel sera tenu d'en rendre compte chacun an à nous ou à nostre commis.

Item vuillons et consantons que lesditz habitans puissent marier aucuns de leur anffans où bon leur semblera et qu'ilz leurz donnent de leurs biens meubles et telle faculté que bon leur semblera, et que si leursdits anffans ainsi marriez hors dudit Champvans vont de vie à trépas sans hoirs de leurs corps, que les père et mère et les frères et seurs, manans et résidans audit Champvans, leurs puissent succéder et recouvrer lesditz déniers et autres biens que d'eulx demeureront, et non oultre en autre degrey ; et s'ilz ont anffans de leurs corps, lesdits anffans de l'omme que sera surmarié seront et demeureront de la condition qu'estoient lesditz habitans avant l'ouctroy de ces présentes sy ne revenoient faire résidance au lieu, ouquel cas ilz seront francz comme les autres habitans dudit Champvans.

Item vuillons et consentons, pour nous et nosditz successeurs, seigneurs et dames dudit Champvans, que si aucuns desditz habitans prant femme d'autre lieu que dudit Champvans et icelle femme appourte aucune somme de deniers ou autres biens prisiés à somme de deniers, que iceulx habitans ou aucuns d'iceulx les puissent assigner sur leurs biens et héritages au prouffit de ladite femme et de ses hoirs, et que si restitution y chiert, que la femme puisse tenir l'assignal desdits deniers sur le lieu dudit Champvans jusques lesditz deniers luy soient restitués ; et en oultre que se ladite femme ne veult de ceulx qui auront fait ou de celuy qu'aura fait ledit assignal, le puisse racheter des deniers pour lesquelx ils seront obligiez pour ledit assignal, la justice présente et appellée, en prenant lectre et paiant l'émolument du scel tel que dessus.

Item vuillons et ordonnons que lesditz habitans et ung chacun d'eulx puissent doires en avant tester, léguer et donner de leurs biens à leurs parans et bons amis et autres habitans dudit lieu selon que dessus, à leur bon plaisir et avec ce qu'ilz puissent mectre en leurs hostelz telz hommes ung ou plusieurs que leur plaira pour à eulx subvenir en leur viellesse ou cas qu'ilz nauroient hoirs légitimes de leurs corps, parmi ce que lesdits héritiers et chascung d'eulx seront ou sera tenu de paier pour entrée audit seigneur ung franc en prenant la possession de lad. ce hoirie par la main de la justice du lieu, et sera tenuz de faire résidence comme dessus.

Item et pour ce que lesditz habitans ça en arriers ont esté

comme estoient au jour et date de ces présentes tailliables à
volonté deux. fois l'an et que l'on leur avoit accoutumé
aucune fois de haulcer leurs tailles à leurs grans charges,
nous voulons et consantons dès maintenant pour tout le
temps advenir que lesditz habitans, noz hommes bourgeois
et bourgeoises dudit lieu de Champvans soient abonnez, et
dès maintenant les abonnons tellement qu'ilz ne leurs hoirs
et successeurs ne paient doires en avant pour leurs tailles
de vahin et de la mikaresme que la somme de quarante livres
tournois, c'est assavoir à la Saint-Michiel vingt-cinq livres
tournois, et à la mikaresme quinze livres tournois, qui seront
imposez sur les héritages desditz habitans, sans les pouvoir
haulcier pour tailles, en ce non comprises les censes que
desjà nous sont dehues par lesditz habitans et autres services
et charges, comme de certaines courvées et charrois de
charruaiges, d'ost, de chevallerie, de ban, de rière-ban, de
pourter lectres et aultres charges accoutumées, que lesditz
habitans d'icelle ville et leurs prédécesseurs ont accoustumé
de faire à noz prédécesseurs seigneurs et dames dudit
Champvans de toute ancienneté.

Item vuillons et consantons pour nous, noz hoirs et
successeurs, seigneurs et dames dudit Champvans, que s'il
venoit aucung chambrier demeurer audit lieu de Champvans
qu'il n'auroit meix ne maison et héritaige en ladite ville
ne ou fenaige dudit lieu, que soit franc et exempt de ladicte
mainmorte comme les autres habitans dudit Champvans
parmy payent seullement en ce cas à nous, noz hoirs et
successeurs, seigneurs et dames dudit lieu, ou au recepveur
d'icelle ville, cinq solz d'estevenins par an tant seulement
ensemble les courvées, gelines et autres drois accoutumez,
dont dessus est faicte mention, comme les autres habitans
dudit lieu ont accoutumé faire et supporter ça en ariers de
toute ancienneté.

Item voulons et consantons que tous lesditz habitans
dudit Champvans noz hommes joyssent et usent de leurs
communaulx tout par la forme et manière qu'ilz ont accoustumé, et avec ce que eulx et un chacun d'eulx, tant pour le
temps présent comme pour le temps advenir, puissent
asserter et leur acroitre sur leursditz communaulx, sans
accenson, pourveu qu'ilz ne aucun d'eulx ne entrepreignent
sur aucun de noz bois et fourestz dudit Champvans, sur
peine de l'amende et de l'édiffice perdre.

Item donnons et ouctroyons pour nous, noz hoirs et
successeurs, seigneurs et dames dudit Champvans, esditz
habitans noz hommes et subgetz, pour eulx, leurs hoirs et
successeurs habitans dudit lieu, leur usaige au mort bois
par tous noz bois dudit Champvans, pour leur chauffaiges et
affouaiges de leurs hostelz, et au bois mort tombez,
desracinez, abatuz par force et fortune de vans et autrement,
pour les réparations et maintenemens de leurs maisons et
cloisons de leurs champs, sens en pouvoir mesurer et aussi
sans défrayer et deffinaigier sans licence, sous peine de
l'amende en tel cas appartenant à appliquer à nous et à
celluy qui sera seigneur dudit Champvans.

Item donnons et ouctroyons ausdits habitans puissance et
facultey ou cas qu'ilz auroient à faire et à soustenir aucuns
procès contre aucunes personnes ou autres habitans pour le
fait de leur communaulté de la chose publique dudit lieu
dudit Champvans et autrement, qu'ilz se puissent assembler
par cry ou par commandement à eulx fait par nostre sergent
dudit lieu de Champvans et par nostre ordonnance ou de
nostre maire audit lieu qui est de présent et qu'il sera
pour le temps advenir, lequel maire sera tenu de faire
affaire ledit commandement ausdits habitans par ledit
sergent de eulx assembler comme dit est, à peine de
l'amende à appliquer à nous et à celluy qu'il sera seigneur
dudit lieu pour ledit temps, à lever sur le deffaillant au cas

toutes voye que ladite assemblée seroit licite et convenable, sauf et réservé contre nous et contre celuy qu'il sera seigneur dudit lieu pour le temps advenir; et que iceulx habitans ains assemblez en lieu licite et convenable puissent louer et passer procuration une ou plusieurs toutes et quantes fois que mestier leur sera, et de les révoquer, et avec ce de gecter et imposer sur eulx telles sommes de deniers que leur seront nécessaires, tant pour le fait de leur église, de leursdites tailles et procès comme autrement, pour le bien de la chose publique de ladite communaulté dudit Champvans.

Vuillons et ouctroyons ausdits habitans que eulx assemblez ou la plus grant partie d'iceulx puissent élire proudhommes pour le fait de ladite communaulté dudit lieu, de les povoir changier toutes fois qu'il leur plaira, et aussi de eslire entre eulx telz proudhommes qu'il leur plaira pour imposer lesdites sommes de deniers et y commectre recepveur pour les lever, les sermens d'eulx recepuz en tel cas appartenant par nostredit maire ou par celluy qui lors le sera. Lequel recepveur sera tenus de rendre compte des deniers de sa recépte es commis desditz habitans pardevant nous, ou nostredit maire audit lieu en nostre absence, et par commandement de nous ou de celluy qui en iceluy temps sera seigneur dudit Champvans. Et ainsin leur avons donné et ouctroyé ces présentes donacions, concessions, remissions et ouctroy des choses dessusdites par nous ainsin données, remises et ouctroyées ausditz habitans noz hommes avons nous fais pour les causes que dessus, et pour ce que de grace espéciale le nous a pleu ainsin faire; et avons promis et promectons en bonne foy pour nous, nos hoirs et successeurs, seigneurs et dames dudit Champvans, tout le contenu en ces présentes, tenir, garder et inviolablement observer sans corrumpre et sens venir encontre, ne consentir autre y venir tacitement, ne en appert directement, ne par oblicque;

et parce que ladite ville dudit Champvans est du fied de
mon très-redoubté et souverain seigneur Monseigneur le duc
et conte de Bourgongne, à cause de son chastel d'Aspremont,
nous luy prions et requerons très-humblement que ad ce se
vuille consentir et y mectre son consentement, comme
seigneur du fied. En tesmoing desquelles choses nous avons
prié, requis et fait mectre à ces présentes lectres, lesquelles
nous voulons et consentons estre faictes et refaictes une fois
ou plusieurs au duit et dictées de saiges au prouffit et utilitey
desdits habitans, la substance du fait principalement gardée,
le scel de nostredit seigneur ouquel l'on use en son
tabellionnée d'Aspremont, par Estienne Lasnet, Jehan
Grenier et Huguenin Avène, tabellions généraulx ou comté
de Bourgoigne. Que furent données et passées audit
Champvans, le mercredy cinquiesme jour du mois d'aoust
l'an mil quatre cens et cinquante. Présens ad ce noble
homme Katherin de Ville-sur-Arce, messire Jehan Perrot,
de Saint-Lyenard de Corbeng, prebtre, demeurant à
Aspremont, Huguenin Coisseret, dudit Aspremont, et
Huguenin Bocher, du Trembloy, tesmoings ad ce appellez
et espécialement requis. Ainsi signé : J. Grenier, H. Avène
et L. Lasnet.

Copie et collation faicte au vray original par nous
J. Goichot (notaire). — L. Rambert.
Scellé à Grai, le 22 octobre 1789 ; Ex. trente sous. —
De Missy.

**Lettres patentes de Philippe-le-Beau, duc et comte de
Bourgogne, confirmant l'affranchissement des manants
de Champvans, fait en 1450 par Philippe de Vaudrey
(1495).**

**Confirmation de l'affranchissement des habitants de
Champvans par Philippe de Malans. (20 mai 1539.)**

Affranchissement des habitants de Bonnevent.

(27 octobre 1469.)

Bonnevent (canton de Gy, arrondissement de Gray) compte parmi les localités de la Haute-Saône dont des titres authentiques du XI° siècle mentionnent l'existence. Des bulles des papes Grégoire VII et Urbain II en 1078 et 1089, confirmatives des possessions de l'abbaye de Baume-les-Messieurs dans le Jura, citent l'église de Bonnevent (1) parmi les dépendances de ce monastère, qui, pour administrer temporellement et spirituellement cette église, y fonda un prieuré qu'il conserva jusqu'en 1790. Ce prieuré fut établi non pas à Bonnevent même, car ce village, placé sur l'antique voie romaine de Besançon à Langres, voie qu'a empruntée dans presque tout son parcours la route départementale n° 3, appelée donc avec raison *Chemin des Romains* encore de nos jours par les gens des campagnes, ne devait pas offrir un séjour paisible et convenable à des religieux. Ils préférèrent dans le voisinage un vallon retiré et solitaire, caché pour ainsi dire au sein des bois, qui portait déjà ou reçut à cette époque le nom de *Vauvenise* (2). Là les moines purent, loin du bruit de la grande route et sans crainte des inconvénients du passage des gens de guerre, se livrer à la

(1) « Ecclesia de Benevento. » Voir les *Origines de l'Abbaye de Baume-les Moines*, par Bernard Prost, archiviste du Jura. *Pièces justificatives*, p. 97. — Bulle du pape Grégoire VII, publiée d'après l'original, p. 104. — Bulle du pape Urbain, du 28 décembre 1089, *idem*.

(2) Mot semi-latin et semi-celtique (*Vallis Venisiæ*) qui semble pouvoir être traduit par *vallon de la source*.

vie contemplative et observer la règle de Saint-Benoît,
comme au milieu de leurs abrupts rochers de Baume (1).

Les bâtiments de cet ancien prieuré sont maintenant
convertis en ferme ; il n'y subsiste, en fait de vestiges de
leur ancienne splendeur, qu'un contrefeu de cheminée, où
sont figurés en relief un chevalier couvert de sa cotte de
mailles et une dame presque nue ; entre les deux personnages se trouve un écu blasonné aux armes de la maison
d'Oiselay : *de gueule à la bande engrêlée d'or*. Ces bâtiments
sont entourés de collines boisées, dont l'une, celle de Chassi-
gnole, fut le but d'une promenade de Voltaire pendant un assez
court séjour qu'il fit au château voisin de Montboillon,
propriété de Mme du Châtelet.

A défaut d'autres documents, la charte d'affranchissement
que nous publions suffirait pour prouver que les prieurs de
Vauvenise exercèrent à Bonnevent tous les droits seigneuriaux que comportait le *plenum dominium* qu'ils avaient sur
ce village dans le principe. Mais il est certain, d'autre part,
que les habitants n'ayant pas trouvé, aux époques troublées
du moyen âge, aide et protection auprès de leurs seigneurs
légitimes, soit à cause de leur faiblesse, soit à cause de leur
caractère religieux, furent placés de gré ou de force sous la
garde des sires d'Oiselay. Ces barons puissants, outre leurs
possessions et leurs sujets immédiats, jouirent en effet, à
titre de droits de garde, de redevances féodales considérables
sur les terres de l'abbaye de La Charité et du prieuré de
Vauvenise. Ils en devinrent ainsi coseigneurs pour ainsi

(1) L'abbaye de Baume-les-Messieurs fut fondée à la fin du VIe siècle
par Saint-Colomban, au fond d'une gorge très-étroite entourée d'une
ceinture de roches à pic de plus de 100 mètres de hauteur, au fond
de laquelle la Seille prend sa source « ubi fluvius Saliæ surgit, »
dit un diplôme de Rodolphe Ier, roi de Bourgogne transjurane en
903. Elle compta parmi ses abbés Jean de Watteville, fameux par
ses aventures et ses intrigues politiques au moment de la conquête
de la Franche-Comté par Louis XIV.

dire. Ce fut là le principal résultat de cette gardienneté, qui,
en fait, si on s'en rapporte au préambule de la charte
d'affranchissement de Bonnevent, ne servit nullement à
protéger les habitants. Aussi, en 1469, le village, appauvri
par les guerres, la peste et les incendies, était-il doublement
écrasé, et par les cens en avoine, corvées, etc., dus aux
sires d'Oiselay, et par les droits seigneuriaux que continuaient
à percevoir les prieurs de Vauvenise. Les habitants ne devaient
être libérés des premiers que par la Révolution, et l'on ne
comprend vraiment pas comment la royauté n'eut pas le
courage d'abolir ces redevances de garde, légitimes sans
doute dans le principe, lorsqu'au droit qu'avaient les
seigneurs correspondait un devoir de leur part, mais qui
n'étaient plus que d'odieuses exactions quand, depuis
longtemps, leurs forteresses démantelées ne pouvaient plus
servir de refuge en temps de guerre à ceux qu'ils s'étaient
engagés par une sorte de contrat tacite à protéger. Cependant,
non-seulement les sires d'Oiselay (1), mais leurs successeurs
les La Baume-Saint-Amour. et les Choiseul-La Baume,
perçurent ces droits pendant tout le cours du XVIIIe siècle,
et ils étaient encore assez considérables à cette époque. On
voit par une sentence rendue au bailliage de Gray le
27 février 1730 (2), validant une saisie faite par le fermier
de la terre et seigneurie d'Oiselay sur un laboureur en retard
pour le paiement des redevances, qu'elles s'élevaient alors,
en vertu des reconnaissances seigneuriales passées en 1694

(1) La maison d'Oiselay, issue d'Etienne, fils naturel d'Etienne
comte de Bourgogne, et de Blandine de Cicon, s'éteignit au décès
d'Hermenfroy d'Oiselay, mort en 1634, sans avoir été marié. La
branche collatérale des barons d'Oiselay-La Villeneuve prit fin
aussi à la même époque. Les de Chantrans et Luquet de Grange-
beuve, que l'on voit aux deux derniers siècles prendre le nom
d'Oiselay, ne tenaient à cette ancienne famille que par des alliances
et des descendances féminines.

(2) Archives de la Haute-Saône, série B, liasse 1,852.

et 1704, à cinq quartes de froment à la mesure d'Oiselay (1), quinze sols par corvée, quatre gros pour le *cens de la forest*, une poule, une miche appelée la miche de la poste (2) et six pintes de vin par arpent de vigne. En 1781, le marquis de Choiseul démembra ses droits seigneuriaux de Bonnevent et les céda à Mathieu Pierre, avocat au parlement, qui obtint leur érection en fief et en jouit ainsi jusqu'en 1789 (3).

Les redevances féodales dues aux prieurs de Vauvenise, seigneurs primitifs de Bonnevent, consistaient, en outre des revenus produits par la mainmorte personnelle et réelle, en « tailles, prises (4), subprises (5), quises (6), aides, subvencions, charrois (7), cherruaiges (8), port de lettres et gelines. » Par cette énumération, on voit qu'elles devaient être encore plus lourdes que celles dues pour droit de garde. On comprend donc qu'à la suite des guerres des XIVe et XVe siècles, le

(1) La quarte équivalait à peu près à 50 litres.

(2) La redevance de cette miche avait été probablement établie pour remplacer le droit qu'avaient primitivement les seigneurs d'Oiselay, de faire porter leurs lettres dans un rayon de dix lieues.

(3) Archives de la Haute-Saône, C, 78. Requête adressée au ministre par le sieur Mathieu Pierre, « à l'effet d'être autorisé à posséder, quoique non noble, quelques terres et droits seigneuriaux par lui acquis de M. le comte de Saint-Amour, à Bonnevent, avec le don du retrait féodal. »

(4) Dans le principe, ce mot désignait le droit qu'avait le seigneur de lever sur ses sujets les denrées qui lui étaient nécessaires ; il s'appliqua ensuite à presque toutes les redevances en nature. (Du Cange, verb. *Prinzia* et *Prizia*.)

(5) Redevances en nature levées extraordinairement. (Du Cange, verb. *Surprisia* et *Superprisia*.)

(6) Ce mot paraît aussi désigner des redevances extraordinaires, mais probablement en argent et non en nature. (Du Cange, verb. *Quasta*.) D'ailleurs il semble régner dans cette énumération de la charte d'affranchissement une redondance qui avait pour but d'éviter toute omission involontaire d'un droit féodal quelconque.

(7) Le droit de faire transporter par tous les habitants ayant des bêtes de trait une voiture de bois à Noël, de la forêt communale ou seigneuriale au château.

(8) Corvées de charrue.

village ait été réduit à un tel état de misère, que l'on n'y comptait plus que cinq familles. Afin d'en empêcher la ruine totale, d'arrêter l'émigration et le délaissement des meix et héritages, de ramener de nouveaux habitants si c'était possible, le prieur de Vauvenise, frère Jehan de Laubespin (1), affranchit lesdits habitants de Bonnevent présents et à venir de la servitude de mainmorte et de « toutes aultres charges quelxconques, » moyennant le paiement d'une rente annuelle de vingt livres estevenins, que lesdits habitants pourront répartir entre eux comme ils l'entendront. Le prieur ne se réservait que les droits de justice, la banalité du four et du moulin, les lods à raison de un sol par livre estevenins dans les cas de vente ou d'échange avec soulte à des étrangers.

L'abbé de Baume ratifia cet acte d'affranchissement le 12 avril 1470.

Affranchissement des habitants de Bonnevent par frère Jehan de Laubespin, prieur du prieuré de Vauvenise de l'ordre de Saint-Benoît au diocèse de Besançon. (27 octobre 1469.)

(Archives communales de Bonnevent.)

Je frère Jehan de Lobespin, prieur du priorey de Vavenisse de l'ordre de Saint-Benoît ou diocèse de Besançon, fais sçavoir à tous que je, considérant et regardant plusieurs bons et agréables services que Jehan Gerbert, Jehan Parigat, Jehan Bourdat, Perrin Fraine et Jehan Gavain, de Boinevans, mes hommes, m'ont faiz ou temps passé et font encour

____

(1) Famille qui tire son nom du hameau de Laubespin près de Saint-Amour, dans le Jura, où s'élevait un château-fort dès le XII⁰ siècle. Barbe marquise de Laubespin, unique héritière de sa maison, fut mariée après l'an 1604 à Lionel de Battefort dit Mouchet, chevalier qui releva le nom de Laubespin et en écartela les armes : *d'azur au sautoir d'or cantonné de quatre billettes de même.*

journelment ; considérant aussi les perdes, intérestz et
domaige que lesdits habitans ont supportez sça en arrière,
tant par logis de gens d'armes et de mortalitez, comme aussi
par l'orvale de feul qu'ilz ont longuement régnez audit
Bonnevans, et pour ce lesditz habitans avoyent perdus la
plus part de leurs biens ; considérant aussi les grandes rentes
d'avoine et aultres servitutes de courvées, tant de froment
que d'avoine que lesdiz habitans doivent chascun an à mes-
seigneurs d'Oisselert pour occasion de la garde d'iceulx, et que
pour ces causes plusieurs desdiz habitans depieça c'estoyent
absentez et encour estoyent en voye les dessus nommez
de eulx en aler et absenter, et demouroit icelluy lieu totale-
ment en ruyne obstant lesdites perdes et servitutes, et pour
ce, désirant de tout mon pouhoir de entretenir et remectre
en bon estat ledit lieu, et affin que ladite ville de Boinevans
se rempeuple de gens et que plus de ligier et facilement ilz
retournent demourer, tant ceulx que depieça c'estoyent
absentez que d'aultres. En rémunéracion et compensacion
d'iceulx services et pour le grant et évidant prouffit de
mondit priorey, pour moy et mes successeurs prieurs dudit
Vavenisse, mehu en pitié pour les charges et causes avant
dictes, iceulx habitans dudit Boinevans, qu'ilz de présent
sont et tous aultres qui ou temps advenir y habiteront et
demouront, pour eulx et leurs hoirs, de hoirs en hoirs, de
ligne en ligne successivement et pour tous ceulx qu'ils sont
descenduz et descendrons desdits habitans et de leursdits
hoirs, ensemble de tous leurs meix, maisons et heritaiges
de ma certaine science, pure, franche et libéral voluntee,
ay affranchir, quicter et deschargier, affranche, quicte
et descharge par ces présentes de toutes charges, servitutes
et condicions mainmortables pour eulx et leursdits hoirs,
successeurs, postéritez neix et à naistre, et aussi de toutes
tailles, [prises], subprises, quises, aides de Monseigneur le
duc, se aucune chose en estoit imposée esditz habitans à

cause dudit priorey, ouquel cas pour moy et mesditz successeurs seray tenus de payer et supportez toutes charges à la
descharge desdits habitans. Et se aucune chose en estoit
payer par lesdits habitants pour l'absence de moy ou de
mesditz successeurs ou pour aultre cause, ce seroyt en
déduction et rabet des vingtz livres estevenins cy-après
déclairez, et aussi de toutes subvencions, cherrois,
cherruaiges, de pourter lectres, de gelines et de coürvées,
et de toutes aultres charges et servitutes quelcunques,
que homme serf peult estre tenuz à son seigneur, tant de
fait, de droit que de costume, en quelque manière que ce
soit; pour parmy payant et rendant chascun an à moy et à
mesditz successeurs dudit Valvenisse, audit lieu de Boinevans,
par lesditz habitans qu'ilz de présent sont et ceulx que ou
temps advenir y habiteront la somme de vingt livres
estevenins es termes suigans, c'est assavoir doze livres
estevenins le jour de feste Saint-Andrey apostre, et les aultres
huit livres estevenins au jour de feste Saint-George, sur
peine de dix solz estevenins d'amende commise et acquise à
moy et à mesditz successeurs pour le lendemain d'une
chascune feste dessusdicte et pour une chascune desdites
feste et tenuë passés; laquelle somme ensemble de ladite
amende, toutes fois qu'elle sera commise, lesdictz habitans
pourront gecter et égaler entre eulx raisonnablement selon
la faculté d'ung chacun, sans en prandre licence à moy et à
mesditz successeurs, en retenant à moy et à mesditz successeurs, sur lesditz habitans, la justice que j'ay acostumés
d'avoir sur eulx, et aussi les molin et four dudit Boinevans
et lesquelx seront bannalx esditz habitans, ensemble des
lox d'aucungs transport ou vendaige de terre, c'est assavoir
que toutes fois que l'ung desditz habitans vendra à l'aultre
ou à aucungs estrangier, audit cas il pairoit à moy et à
mesditz successeurs pour chascune livre estevenins ung solz
estevenins; et quant ilz eschangeront ensemble et y a solte,

pour chascune livre de solte aussi ung solz estevenins ; en
retenant aussi à moy et à mesditz successeurs que toutes
fois que y avera audit lieu aucung héritaige vaccant que
lesditz habitans ne vouldront teniz, en ce cas moy et
mesditz successeurs le pourrons donner, chargier de son
droit, desditz xx livres estevenins, et pour le scel et droit
d'entraige d'icelluy en prandre et relever seullement saze
gros viez et demy monnoie ; en retenant aussi à moy et à
mesdits successeurs la morte main, se le cas y advient, sur
estrangiers estans de main morte qu'ilz viendront demourer
audit lieu, c'est assavoir que quant le seigneur originel
duquel seroit originellement extraict et partiz vouldroit faire
eschoite des biens meubles et héritaiges estans audit
Boinevans et en ce cas tant seullement ; lesquelles choses
dessusdites ne dénoteront aucung signe de servitute, ains
seront lesditz habitans dudit Boinevans, neix et à naistre
de ligne en ligne, et leurs postéritez et les ayans-cause
d'eulx et d'ung chascun d'eulx, doiresenavant francs, quietez
et exemps de toutes aultres charges et servitutes, ensemble
leursditz meix, maisons et héritaiges ; et pourront tester,
disposer, ordonner et faire de leurs biens meubles et héritaiges comme font gens de franche condition estant ou
conté de Bourgoigne, sans ce que je puisse ou mesditz
successeurs puissent ou temps advenir exiger ou quereler
aucune autre chose esdits habitans et à leursditz hoirs et
ayans-cause, tant à cause de leurs héritaiges comme de leurs
personnes aussi en aucune manière que ce soit. Et ay fait ce
présent esfranchissement esditz habitans présens et acceptans
pour les causes avandites, lesquelles je afferme par le veul
de ma religion estre véritables et sans d'iceulx avoir aucung
proufflt, don, promesse ne somme d'argent. Et pour ce ay
promis et promet par mon serment pour ce donnée corpo-
relment en la main du notaire et tabellion subscrips,
solemnée et légitime stipulacion sur ce entrevenue, pour

moy et mesditz successeurs, ladicte franchisse et toutes et
singulières les choses dessusdictes esditz habitans et à
leursditz hoirs et ayans-cause, avoir et tenir ferme et estauble
sans jamais aler à contraire en jugement ne d'hors taisiblement ou en appert, soubz l'expresse et ypothèque obligacions
de tous et singuliers mes biens et de mondit priorey, aussi
meubles èt immeubles présens et advenir quelcunques,
lesquelx, quant à l'observacion et acomplissement des choses
dessusdictes toutes et singulaires, j'ay submis et enloyée,
submet et enloye par ces présentes à toutes cours tant
d'Eglise comme séculaire et mesmement à la court et juridicion de Monseigneur le duc et conte de Bourgougne, et
à toutes aultres cours tant d'Eglise comme séculaire, laquelle
ou lesquelles lesditz habitans et leursditz hoirs aimeront
mieulx sur ce eslire concourremment ou divisément, aucune
exception, délait de droit et de costume, sentence d'excomu-
niement, franchise de lieu et libertez de personne nonobstant;
en renunceant pour ce expressement par mon jay ci-devant
donné serment à toutes exceptions de mal, de fraude, de
barest, d'erreur, de lésion, de déception aultre ou environ
la moitié de juste pris à tous drois canon et civil, us, status
et costumes de pays, à toutes dispensacions de seremens
tant de pape, d'empereur, de duc, de conte, de prince,
d'abbey et d'aultres prélats d'Eglise, et généralement à toutes
aultres excepcions, raisons, deffenses et allégacions de fait,
de droit et de costume que contre la teneur des présentes
lectres pourroyent estre faictes, dictes, opposez ou allégueez,
et ou droit disant que générale renunciacion ne vault se
l'espécial ne précède. Et pour ce que ce soit chose ferme et
estauble à tousiours mais, j'ay prier, supplier et requis,
prie, supplie et requier par ces présentes, à mes honorés
seigneurs messires les relïgieux les abbé et couvent de
Balme, comme seigneurs originelz dudit Boinovans, que
à tout le contenuz des présentes leur plaise confirmer. En

tesmoignaige de véritey des choses dessusdictes toutes et singulaires, j'ay mis mon scel pendant ensemble et avec le scel et contre-scel de Monseigneur le duc et conté de Bourgougne, duquel l'on use en sa court et tabellioné de Vesoul, par Huguenin Gaudelet, du Pont de Planches, clercs notaire de la court de Besançon et tabellion général au conté de Bourgougne, à ces présentes lectres, que furent faictes, donnez, louhez et passez audit Pont de Planches le vingt-septième jour du mois d'octobre l'an Nostre-Seigneur courant mil quatre cens soixante et neufz. Présens : Jehan Colin aultrement Rossel, Marc Pantal dudit Pont de Planches, Girart Chert de Beuf aultrement sergent de Neufville, Jehan Lumesset d'Atal, et Loys Brulait de Ventoux, demeurant à Gy, tesmoings ad ce appellez et requis.

Signé : H. Gaudelet.

Nous, abbé et couvent de Balme, faisons scavoir à tous que comme frère Jehan de Labespin ait effranchiz les habitans de Bonnevans, à requeste d'iceulx icelles lectres, avons agrée, consentiz et rattiffié, et par ces présentes consentons, ratiffions et agréons pour nous et nos successeurs. En tesmoingnaige de ce nous avons fait mectre noz scaulx à ces présentes, que furent faictes et donné le XIIe jour d'avril avant Pasques l'an que dessus.

Affranchissement des habitants de Noidans-les-Vesoul.

(17 décembre 1496.)

On rencontre dans le département de la Haute-Saône deux localités du nom de Noidans : Noidans-les-Vesoul (canton de Vesoul) et Noidans-le-Ferroux (arrondissement de Vesoul, canton de Scey-sur-Saône), comme dans la Haute-Marne, aussi à peu de distance l'un de l'autre, se trouvent Noidant-Chatenoy (arrondissement de Langres, canton de Langeau) et Noidant-le-Rocheux (canton de Langres). Ces villages semblent avoir eu chacun des seigneurs particuliers au moyen âge ; mais la difficulté est grande de distinguer, dans les titres qui émanent d'eux sans renfermer de désignations territoriales spéciales, à laquelle de ces localités ils se rapportent. Ainsi on ne saurait affirmer que *Girardins diz loirs, fiz lo seignor Tyerri de Noydant* qui vendit, en 1264, une maison qu'il possédait à Luxeuil, appartenait à la maison seigneuriale de Noidans-les-Vesoul plutôt qu'à celle de Noidans-le-Ferroux (1). Nous serions d'autant plus porté à croire qu'il appartenait à la famille de Noidans-le-Ferroux, que la preuve est acquise qu'à la fin du XIII° siècle la terre de Noidans-les-Vesoul était tout entière dans les mains des sires de Faucogney-Villersexel. Cependant c'est sur cet unique titre que M. L. Suchaux (2) s'est fondé pour reconnaître l'existence d'une famille seigneuriale de Noidans-les-Vesoul qui, si elle eût réellement existé au XII° et au XIII° siècle,

(1) Archives de la Haute-Saône, H, 716. Fonds de l'abbaye de Luxeuil : « Vente par *Girardins diz li loirs, fiz lo seignor Tyerri de Noydant qui fu, à Peirre con dit Reguesnel, borjoip de Lixeu* d'un chasal avec maison sis au Chesne à Luxeuil (mars 1264). »

(2) *Dict. des Communes de la Haute-Saône,* verb. Noidans-les-Vesoul, et *Galerie héraldo-nobiliaire de la Franche-Comté.*

n'eut pas manqué d'apporter, comme celles des environs, son tribut de donations, de constitutions de cens et d'actes de libéralité de ce genre en faveur du prieuré du Marteroy ou de l'abbaye de Montigny, dont les archives pourtant ne renferment aucune pièce émanant de seigneurs de Noidans. Il faut donc plutôt admettre que Tyerri et Girardin de Noidans avaient le fief de Noidans-le-Ferroux. La maison qui se titra de cette terre existait encore au XV° siècle avec : *Jehan de Noidant, fils d'Etienne de Saint-Martin, écuyer, et de damoiselle Comtasse de Noidant*, qui prête hommage à l'abbé de Cherlieu à cause de certains droits seigneuriaux qu'il tenait de l'abbaye (1) ; — Regnauld de Noidans, qui figure parmi les premiers chevaliers de Saint-Georges, de 1449 à 1472 (2) ; — Nicolas de Noidans, damoiseau, marié à Bonne de Saint-Mauris vers 1480, et qui semble avoir été le dernier de sa race (3). On sait aussi quelles étaient ses armes : *d'azur à trois bandes d'or*.

Quant à Noidans-les-Vesoul, nous pensons qu'il a dû, dès le principe, faire partie de la vicomté de cette ville et être englobé dans les possessions des sires de Faucogney, vicomtes de Vesoul. Le premier titre en faisant mention est un acte passé au profit des dames de Montigny par Jean, damoiseau, sire de Villersexel *(Jehans, damoisels de Velersaixert)*, qui, en août 1314, donna à sa sœur Isabelle, religieuse en ladite abbaye, une rente de vingt-cinq livres assignée sur « toutes ses rentes et yssues de sa ville de Noydant-de-lez-Vesoul en quelque manière que ce soit, en tailles, en sousprises, en fours, en vignes, en preiz, en terres, en bois et en toutes autres redevances quelx quelles soient, sens riens oster ne retenir, » somme qui lui revenait

(1) Archives de la Haute-Saône. Fonds de l'abbaye de Cherlieu, H, 306.
(2) *Gollut*, p. 1,457.
(3) *Généalogie de la famille de Saint-Mauris*, p. 154.

sur sa part d'héritage, avec stipulation qu'à la mort de ladite
Isabelle, vingt livres de rente lui feront retour à lui ou à ses
héritiers et cinq livres resteront au couvent. En 1318, sa
sœur étant morte, Jean de Faucogney, sire de Villersexel,
exécuta cet arrangement (1). Ce Jean de Faucogney était le
petit-fils d'Héluis de Joinville, vicomtesse de Vesoul, sœur
de l'historien de Saint-Louis et fondatrice du monastère de
Montigny, où elle mourut en 1312. Il épousa Isabelle de
France, fille du roi Philippe-le-Long et de la comtesse
Jeanne de Bourgogne. A cette époque, il ne prenait plus
dans ses chartes le titre de vicomte de Vesoul comme ses
prédécesseurs sires de Faucogney, car sous l'administration
du comté par les officiers de Philippe-le-Bel, la vicomté de
Vesoul avait cessé d'être une juridiction réelle, et Héluis de
Joinville avait été la dernière à se parer de la qualité purement honorifique de vicomtesse. En revanche, Jean se
qualifie de sire de Villersexel. L'ancienne maison de
Villersexel, qui n'était autre chose que celles des La Roche-
sur-l'Ognon ou des Ray, eut, en effet, de nombreuses
alliances avec les Faucogney. Ainsi, au commencement du
XIII⁰ siècle, Aymon de Faucogney avait épousé Elisabeth
de Villersexel (2). L'aîné de leurs enfants, Jean, fut sire de
Faucogney et vicomte de Vesoul, et le second, Aymon, prit
le titre de sire de Villers, c'est-à-dire sans aucun doute de
Villers-sur-Scey, qui devint plus tard Villersexel (3). D'après

(1) Archives de la Haute-Saône, H, 897.

(2) Archives de la Haute-Saône, H, 82. Donation d'un meix, sis
à Andelarrot, à l'abbaye de Bellevaux, par Elisabeth « domina de
Vilarii saysel, » veuve de Haymon de Faucogney, avec l'assenti-
ment de Jean, Haymon, Thiébaud et Hugues ses fils (février
1248-1249).

(3) Archives de la Haute-Saône, H, 808. Charte par laquelle
Jean, seigneur de Faucogney et vicomte de Vesoul, et « Haymo
dominus Vilarii, frater ejus, » attestent la donation faite par Eudes
de Dampierre-sur-Salon à l'abbaye de Theuley (avril 1259).

la *Généalogie manuscrite de la Bibliothèque de Vesoul,*
Elisabeth aurait eu, outre les quatre fils énumérés ci-dessus,
une fille appelée aussi Elisabeth, qui aurait épousé Simon
de Villersexel.

Il n'y a donc rien d'étonnant à voir Jean III de Faucogney
prendre au commencement du XIV⁰ siècle la qualité de sire
de Villersexel, terre qui dans l'origine avait fait partie de la
seigneurie primitive des Faucogney avant d'être démembrée
pour former un fief particulier sous la main des La Roche.
C'est du moins l'opinion de M. Duvernoy (1).

Il est probable cependant que Jean de Faucogney n'en avait
que le titre, sans autre droit que celui de seigneur dominant.
Le domaine utile en appartenait alors à Amé, sire de
Villersexel, personnage que l'on voit jouer un certain rôle
dans les événements contemporains et assister même Jean
de Faucogney en 1336, lors d'une prise d'armes qu'il tenta
contre le duc Eudes (2).

Les maisons de La Roche-Villersexel et de Faucogney-
Villersexel eurent encore de nombreuses alliances entre
elles dans la première moitié du XIV⁰ siècle. C'est par elles
que l'on peut expliquer comment la seigneurie de Noidans-
les-Vesoul, possédée dans toute son intégrité en 1318 par
Jean de Faucogney, passa aux Villersexel à la mort d'Henri
de Faucogney, dernier représentant de sa race, en 1368. La
grande terre de Faucogney fut alors démembrée en plusieurs
seigneuries, qui elles-mêmes se subdivisèrent en une grande
quantité de fiefs (3).

(1) *Notes sur Gollut,* p. 1,858.
(2) *Idem,* p. 693.
(3) Voir à ce sujet l'inventaire des archives de la Côte-d'Or,
série chronologique des reprises de fief, tome IV, p. 240 et suiv.
Dampierre-sur-Salon et Villersexel s'étaient détachés et avaient
été inféodés dans le XIII⁰ siècle ; dans le cours du XIV⁰, Ronchamp
et Meurcourt avaient aussi formé des fiefs particuliers. Le surplus

Malgré toutes nos recherches, nous n'avons pu découvrir si ce fut par suite d'une inféodation, d'une vente ou d'une donation que Noidans-les-Vesoul advint, pour la plus grande part, à la maison de Villersexel. Quoi qu'il en soit, il fut possédé par les membres de cette famille de 1369 à 1450 et compris dans la donation que Humbert, comte de La Roche et seigneur de Villersexel, son dernier représentant, fit de tous ses biens à François de La Palud-Varambon, mari de Marguerite de La Petite-Pierre, sa nièce. Ce François de La Palud, seigneur de Varambon, de Montfort et de Bourgue-neur, d'une très-ancienne famille de Bresse, comptait parmi les chambellans du duc Philippe-le-Bon (1). Il devint ainsi comte de La Roche et de Villersexel. Son fils Claude de La Palud continua à illustrer cette maison et resta fidèle à Charles-le-Téméraire ainsi qu'à ses successeurs Marie de Bourgogne et Philippe-le-Beau dans leur lutte contre la couronne de France. En 1475, il pénétra avec Louis de Vienne, sire de Ruffey, dans la Mâconnais, après avoir « rompu les François » et emporté la ville de Tournus (2).

Ces expéditions durent apporter un certain désordre dans ses finances, et ce fut probablement autant dans son propre intérêt que dans celui de ses sujets de Noidans qu'il les affranchit de la mainmorte en 1496, moyennant la somme de deux cents francs, monnaie courante au comté de Bourgogne. Comme dans la plupart des actes de même nature octroyés au XV° siècle, le préambule contient une exposition de la situation pénible des habitants « remonstrant qu'eux et tout ce qu'ils tiennent en ville, finage et territoire dudit Noidans sont vers nous mainmortables et chargés de plusieurs charges et servitudes, tant de tailles, censes d'argent et d'avoine,

de la terre de Faucogney revint vers 1493 au duc et comte de Bourgogne Philippe-le-Hardi, qui le fit administrer pas ses officiers.

(1) *Gollut*, p. 1,189.

(2) *Idem*, p. 1,291.

gelines et courvées de charrues que autres, dont par ce
lesdits habitans supplians disoient estre trop chargés et
affectés, qu'estoit et est à leur trop grande foule et charge à
eux insuportables......... que pour ce, sont obligés d'abandonner le lieu, leurs pères et mères et parens, et leurs
voisins les méprisent à l'occasion de ces mainmortes et
servitudes ; ils ne peuvent treuver à peine lieu ou loger et
marier leurs enfans, ce que leur cède et redonde à grande
mélancolie et regrets. » En conséquence Claude de La Palud
les affranchit et les déclare eux et leur postérité née et à
naître, leurs meix et héritages, francs et de franche condition,
les autorise à succéder « les uns aux autres *ab intestat* par
proximité de lignage, à tester et à disposer de leurs biens,
tant par vendages entre eux l'un à l'autre et à tous autres
étrangers sans consentement, lods ni commise. » Il se
réserve cependant la justice haute, moyenne et basse, l'aide
des quatre cas, les tailles de *vahin* et de carême qui sont,
les premières de soixante-douze livres estevenins, et les
secondes de douze livres, le droit de prise, consistant en
une somme de vingt-trois francs quatre gros payable tous
les trois ans, différents cens en argent, en grains et en cire,
la banalité du treuil ou pressoir, une corvée annuelle de
trois jours de travail dans les vignes seigneuriales, moyennant la nourriture des corvéables ou le paiement d'un petit
blanc par tête.

Afin de pouvoir procéder à cet affranchissement, Claude
de La Palud s'était muni de l'autorisation de Philippe-le-Beau,
archiduc d'Autriche et comte de Bourgogne, qui la motiva
sur la difficulté qu'éprouvaient les mainmortables de Noidans
pour se marier dans les villages voisins, « ce qui leur
tournoit à très-grand déshonneur, déplaisir et dommaige. »
L'archiduc Philippe-le-Beau, comme comte de Bourgogne,
était seigneur dominant de Noidans-les-Vesoul, et pour ce
motif il fut stipulé dans l'enregistrement de l'acte d'affran-

chissement à la Chambre des comptes à Dole, « que les rentes de la seigneurie dudit comte ne devoient en rien estre diminuées, » et qu'une somme de cent francs serait payée pour les frais des lettres-patentes délivrées à cet effet.

Dans le cours des XVII⁰ et XVIII⁰ siècles, la terre de Noidans fut démembrée en une grande quantité de fiefs, tous sans mainmorte. Ainsi les familles Terrier, de Vesoul, Droz, Thomassin (1), Fabry de Moncault (2), y possédèrent des portions de seigneurie. En 1714, la maison de Grammont y exerçait encore exclusivement le droit de haute justice (3). Plus on approche de 1789, plus les fiefs se subdivisent, s'émiettent en quelque sorte. Vers 1745, Charles-Joseph Calf, professeur de droit à l'université de Besançon, semble avoir acquis de la maison de Grammont la plus grande partie des droits qu'elle avait à Noidans, et en 1784, son fils Joseph-Renaud-Marie Calf, conseiller au parlement, était qualifié seigneur dudit lieu (4). En 1768, un sieur Roche demanda et obtint la permission de posséder, quoique non noble, une portion de fief, consistant dans le quart d'un four banal qu'il avait acquis de la marquise de Rosen, héritière elle-même

(1) Archives de la Haute-Saône, B, 4,648. « Messire François d'Averton, chevalier, conseiller du roi de France, comte de Belin, seigneur du bourg d'Averton, ayant la garde noble de ses enfans, héritiers de dame Catherine de Thomassin, dame de Flagy, Noidans et autres lieux » (avril 1631).

(2) *Idem*, B, 6,533. « Illustre et puissant seigneur messire Louis de Fabry, comte de Moncault, Autrey, seigneur de Flagy, Noidans, vicomte de Graisse, chevalier de Saint-Louis, brigadier des armes du roi » (1698).

(3) *Idem*, B, 8,656. « Jean-François Roussel, de Vesoul, ancien procureur du bailliage dudit lieu, juge et châtelain civil et criminel de la justice de Noidans-les-Vesoul, pour haut et puissant seigneur messire Michel marquis de Grammont, lieutenant général des armées du roi, baron et seigneur de Villersexel et membres en dépendans, seul seigneur haut-justicier à Noidans-les-Vesoul » (1714).

(4) *Almanach de la Franche-Comté*, par dom Grappin.

des de Vaudrey et Grammont-La Roche (1). D'autres portions
de fief lui avaient été précédemment cédées par les sieurs
Fyard de Gevigney et Calf. Enfin, d'après le terrier de 1783,
à côté de ce dernier qui représentait les seigneurs primitifs,
on trouvait encore comme possesseurs de fiefs M. Lampinet
de Sainte-Marie, seigneur de Navenne, une veuve Goux, de
Vesoul, qui avait obtenu le don de retrait féodal pour des
biens acquis de M. Burtel, et Mme Terrier, qui jouissait de
la moitié du four banal (2).

**Affranchissement des habitants de Noidans-les-Vesoul par
Claude de La Palud, comte de La Roche, seigneur de
Varambon, Villersexel, Saint-Hippolyte, Noidans, etc.
(17 décembre 1496.)**

(Archives de la Haute-Saône, E, 68.)

Nous, Claude de la Pallu, comte de la Roche, seigneur
de Varambon, Villersexel, Saint-Hippolyte et de Noidans-
les-Vesoul pour la plus part, savoir faisons à tous ceux qui
verront ou orront ces présentes lettres, que les habitans
dudit Noidans nos hommes et sujets nous ayant présenté
une requeste, en laquelle nous ayant exposé qu'eux et tout
ce qu'ils tiennent en ville, finage et territoire dudit Noidans
soient vers nous mainmortables et chargés de plusieurs
charges et servitudes, tant de tailles, censes d'argent et
avoine, gelines, courvées de charrue que autre, dont par ce
lesdits habitans supplians disoient être trop chargés et
affectés, qu'estoit et est à leur grande foule et charge à eux
insuportable et aussi pour le recouvrement ils leurs sont et à
leurs enfans, que par ce sont [obligés] d'abandonner le lieu,
leurs père et mère et parens, et leurs voisins les méprisant

(1) Archives de la Haute-Saône, C, 78.
(2) *Idem*, E, 138.

à l'occasion de ces mainmortes et servitudes, ils ne peuvent treuver à peine lieu où loger et marier leurs enfans, ce que leur cède et redonde (sic) à grande mélancolie et regrets. Nous suppliant eux, leursdits meix et héritages affranchir et oster de ladite servitude de mainmorte, laquelle de leur cœur et courage naturellement ils appellent et désirent estre ostés, moyennant le consentement et bon vouloir de nous comme leur seigneur originel, à laquelle requeste pour eux, leurs enfans masles et femelles entretenir sous nous et notreditte seigneurie audit lieu de Noidans, nous ledit comte seigneur dudit lieu, inclinant à icelle de nostre plein gré, pure, franche et libérale volonté, comme bien avisé sous le bon vouloir du roy et de M. l'archiduc son fils, nos seigneurs et seigneurs du fief, pour nous, nos hoirs, successeurs et pour les ayant-cause de nous au tems advenir, lesdits habitans dudit Noidans nosdits hommes et sujets et chacun d'eux, tant en général qu'en particulier, ensemble leursdits meix, maisons et héritages, fins, finages et territoires dudit Noidans, mouvant et estant de nostre justice et seigneurie dudit Noidans, leurs femmes et enfans masles et femelles, pour ceux qui sont nés et leur postérité à naistre, avons affranchis et affranchissons, en déclarans iceux habitans dudit Noidans nos hommes et sujets et chacun d'eux, tant conjointement que divisément, ensemble leursdittes femmes et enfans et leur postérité nés, à naistre, avec leursdits meix, héritages et tout ledit finage et territoire de notreditte seigneurie de Noidans, estre francs et de franche condition, pour doresenavant en user comme font et accoutumé faire les gens de franche condition sous le bon vouloir et plaisir de nosdicts seigneurs, ainsy que dit est comme seigneur du fief, pour pouvoir succéder les uns aux autres *ab intestat* par proximité de lignage, tester et disposer de leurs biens, tant par vendage entre eux l'un à l'autre, et à tous autres estrangers qui voudront demeurer audit Noidans en nostre-

ditte seigneurie que autres contraits que gens de condition
peuvent faire, tant en droit que de coutume, sans sur ce
devoir aucunement requérir nostre avis et consentement,
sans danger de commise, en abolissant du tout laditte
mainmorte et les déclarant de franche condition, quittes de
toutes charges et servitudes quelconques, tant de courvées
et autres, excepté les cy-après réservées et exceptées à nous
et à nos successeurs et ayant-cause. Et avons fait et faisons
par les présentes lettres, nous ledit comte et sieur desdits
lieux, ledit affranchissement pour nous, nosdits hoirs,
successeurs et pour les ayant-cause de nous au tems avenir,
auxdits habitans dudit Noidans nos hommes et sujets, pour
eux, leurs hoirs, successeurs, femmes et enfans nés et à
naistre, leurs postérité, successeurs et pour les ayant-cause
d'iceux, pour et moyennant la somme de deux cents francs
monoye courante au comté de Bourgogne, que nous avons
connu et confessé avoir eu et reçeu desdits habitans et
d'iceux, nous sommes tenus et tenons pour content, bien
payé et satisfait entièrement, et iceux habitans, tant en
commun qu'en particulier, pour eux, leurs hoirs, successeurs et ayant-cause, en avons quitté et par les présentes
quittons sans jamais leur en demander aucune chose ; ainsy
nous le promettons sous nostre honneur et obligation, de
tous et singuliers nos biens, meubles et immeubles et
héritages quelconques, en retenant à nous, ledit comte et
seigneur, pour nous, nos hoirs, successeurs et ayant-cause
les charges et choses suivantes et divisées :

Premièrement la justice haute, moyenne et basse sur eux,
leurs héritages, meix et communaux estant sous nostre
seigneurie audit Noidans, finage et territoire d'illec, et aydes
des quattre cas, les tailles de vahin et de caresme, à nous
deues chacun audit Noidans ; assavoir, de vahin soixante et
douze livres estevenant, et de caresme douze livres aussy
estevenant, la prise deue de trois ans en trois ans, une fois

montant à la somme de vingt-trois francs et quattre gros, les censes du Vernoy deus chacun an à la Saint-Michel, montant à huit francs dix gros huit engrougnes, les cent sols estevenant de fut Jean Barre qu'il doit chacun an au jour de feste Saint-Michel, et plusieurs censes montant chacun an à trois gros.....

Item huit bichots onze quartes ancienne mesure dudit Noidans, à nous deues chacun an au terme de Saint-Martin d'hiver, et deux livres de cire audit jour, que lesdits habitans nous payeront chacun an es termes accoutumés, en retenant à nous, à nosdits hoirs et successeurs le droit et profit de notre treuil bannal dudit Noidans, sur nosdits hommes et leursdits hoirs et autres qu'ils y ont accoutumés y treuiller, et par le présent affranchissement lesdits habitans et chacun d'eux manans et résidans et tenant feu audit Noidans en notre justice et seigneurie, étant en âge et ayant puissance de sa personne, seront tenus de faire chacun chef d'hostel trois jours de bras es vignes dudit Noidans à nous appartenantes en tems de bonne saison, quand par nous ou nos officiers leur sera commandé, à peine de trois sols estevenans d'amende par celuy qui sera défaillant, en les payant à nous et es nostres, lesquelles journées ils feront de bonne foy comme pour eux-mêmes, moyennant ce que nous et nosdits hoirs successeurs seront tenus leur administrer, assavoir boire et manger bien et raisonnablement, ou pour le vivre de chacun homme, à chaque jour, un petit blanc à nostre choix. Et par le présent affranchissement nous, ledit comte et seigneur susdits, pour nous, nos hoirs, successeurs et ayant-cause, avons quitté et affranchi, quittons et affranchissons par ces présentes lesdits habitans nosdits hommes et sujets, leurs meix et héritages en tout ledit finage et territoire dudit Noidans estant en nostre seigneurie, leursdites femmes et enfans masles et femelles nés et à naître, pour eux, leursdits hoirs successeurs, leursdittes femmes et

leur postérité et ayant-cause au tems avenir, perpétuellement
de toutes mainmortes, courvées de charrues, charrois de
treuille et autres charrois, de ports de lettres, de gelines et
de toutes courvées et servitudes dessus déclarées et autres
quelconques que entendons estre de telle valleur, comme
si elles estoient en ces présentes nommées, déclarées et
spécifiées de mot à mot et estre comprise en la généralité
avec celles qui cy-devant sont spécifiquement exprimées et
déclarées, en mettant à néant tous titres, lettres, terriers et
déclarations, roolles et autres enseignements que pourroient
avoir touchant lesdittes servitudes, sans nous en pouvoir
aider contre eux et en aucune manière. Et avons consenti et
consentons pour nous, nosdits hoirs et successeurs, qu'audit
Noidans il y aura pour nous un tabellion, lequel recevra
toutes lettres d'héritages estant en nostre seigneurie de
Noidans sous nostre scel, en payant pour l'émolument
d'iceluy pour la livre un sol tant seulement. Et par ledit
présent affranchissement et moyennant ladite somme, nous,
ledit comte et seigneur dessusdit, serons tenu et avons
promis et promettons, à nos propres frais et despens, de
faire consentir au présent affranchissement lesdits seigneurs
du fief, assavoir nosdits souverains seigneurs le roy et
Monseigneur l'archiduc son fils, et leur en rapporter lettres
bonnes, deües et vallables, scellées et expédiées en bonne
forme, vérifiées et entérinées par messieurs de leurs finances
et des comptes en Bourgogne et tous avis à nosdits hommes
pour laditte cause et affranchissement cy-dessus; même de
payer et supporter toutes finances et frais à nos propres
dépens et rendre esdits habitans lesdittes lettres scelées et
expédiées et entérinées comme dessus, franchement et gra-
tuitement, sans que par nous ou autres leurs en puisse estre,
outre ladite somme, aucune chose querellé ni demandé en
aucune manière. Et affin que ces présentes ayent force,
vigueur et vaillent perpétuellement, nous avons fait mettre

le sceel duquel l'on use aux contracts ou comté de Bourgogne
et tabellionage de Vesoul par Estienne Royaux de Rougemont,
tabellion général audit comté, et avec ledit scel avons mis
et apposé nostre scel armoyé de nos armes à ces présentes
lettres d'affranchissement, que furent faittes et données en
nostre chasteau de Villersexel le dix-septième décembre l'an
de Nostre-Seigneur mil quatre cent quatre-vingt et seize.
Présens discrette personne messires Jean André, prebtre,
Philibert Bourceleret, notaire public, et Guillaume Michonge,
à ce appellés et spécialement requis. Ainsy signé : Claude
Lapallu et Royaux, scellés de deux scels à doubles queues
pendant, l'un de cire verte et l'autre de cire vermeille, auxquelles lettres susescrites sont attachées quatre lettres en
parchemin sous un cachet, dont les copies s'ensuivent :

Les président et gens des comptes du roy et Monseigneur
l'archiduc, duc et comte de Bourgogne à Dole, veu par nous
les lettres-patentes de nostredit seigneur Monseigneur
l'archiduc, scellées en cire rouge à double queues pendantes,
données à Bruxelles le sept avril mil quatre cent quatre-
vingt et seize après Pasques, signé Lefebvre, par lesquelles
nostredit seigneur a octroyé, consenti, accordé et donné
pouvoir et puissance à Claude Lapallu, comte de la Roche,
seigneur de Villersexel, qu'il puisse affranchir ses sujets et
hommes de mainmorte du village de Noidans estant de la
seigneurie dudit Villersexel, et hommes de mainmorte et
iceux, pour eux, leurs hoirs et leurs postérités nées et à
naistre, oster de ladite mainmorte, pourvu que les rentes de
nostre seigneurie ne soient aucunement diminuées et que
s'il en soit aucune chose en avantage audit De la Pallu, que
ce sera en accroissance du fief de nostredit seigneur, et avec
ce qu'ils payeront, financeront à l'arbitrage de nous, président et gens desdits comptes ; veu les lettres d'affranchissement dudit Claude De la Pallu, auxquelles ces présentes
sont attachées sous le signet du président desdits comptes,

données audit Villersexel le six décembre mil quatre cent quatre-vingt et seize, par lesquelles iceluy Lapallu, en vertu desdittes lettres-patentes de nostredit seigneur, affranchi lesdits habitans dudit Noidans, ses hommes et sujets mainmortables de ladite condition, en leur ostant ladite mainmorte et servitude quelconque, sous les conditions contenues et déclarées esdittes lettres d'affranchissement, avons en tant que à nous [appartient] icelles lettres d'affranchissement entérinées et entérinons par ces présentes, selon leur forme et teneur, ainsy que nostredit seigneur l'archidúc le veut et le mande estre fait par cesdittes lettres-patentes moyennant finance pour le taxér et arbitrer par nóus après information sur ce faitte ; et pour la faculté desdits habitans dudit Noidans avons taxé, arbitré, taxons et arbitrons à la somme de cent francs monoye courante au comté de Bourgogne ; laquelle somme de cent francs sera receue par le receveur de l'épargne, qui sera tenu faire la lettre de recepte au profit de nosdits sieurs à la manière accoutumée ; et touchant le tabellionnage que ledit Lapallu a consenti auxdits habitans estre audit lieu de Noidans et dont mention est faitte esdittes lettres d'affranchissement combien que est droit de souveraineté, néantmoins veu la ratification faitte sur cétte matière par Jean Versol, lieutenant local du bailly d'Amont à Vesoul, Claude Piliet, licencié es loix......... de nosdits seigneurs, Mougin Terrier, Jean Demongenet, Nicolas Rougeat, Jean Bellecorps, Loup Richard et Guillemin De la Courvée, de Vesoul, tabellions généraux du comté de Bourgogne et notaires de Besançon, aussy attachée auxdrttes présentes sous ledit signet, avons consenti et consentons que ledit tabellionnage soit audit lieu de Noidans, selon que ledit Claude Lapallu l'at accordé, à condition que s'il est cy-après trouvé que iceluy De la Pallu, ny ses prédécesseurs, n'ayent eu ou deu avoir aucuns droits de tabellionnage audit lieu de Villersexel, en ce cas lesdits sujets et habitans dudit Noidans, ainsy affranchis, seront tenus ressortir au tabellionnage de nosdits seigneurs ainsy qu'il appartient. Et si donnons en mandement de par nosdits seigneurs et ordonnohs de par nous au bailly d'Amont receveur de l'épargne présent et avenir et à tous autres justiciers leur lieutenant ou commis et à chacun d'eux, que de l'effet et contenu esdittes lettres et patentes d'affranchissement et en lesdittes patentes, ils fassent, souffreut et laissent lesdits hommes et habitans de Noidans et leurdite postérité née et à naître ainsy affranchis, plainement et paisiblement jouir et user à toujours, sans leur faire mettre ou donner, ny souffrir être fait, mis ou donné aucun détourbier ou empêchement au contraire. Donné en la Chambre des comptes, le dernier jour du mois de mars mil quatre cent quatre-vingt-dix-sept. Ainsy signé : G. Dumay, et scellé en placard de quattre petites armes en cire vermeille.

Nous Jean Versol, lieutenant local à Vesoul de noble seigneur et sage M. le bally d'Amont, Claude Pillet, licentié en loix, conseiller de nos souverains sieurs, Mougin Terrier, Jean Demongenet, Nicolas Rougeot, Jean Bellecoup, Louys Renard et Guillemin de la Courvé, de Vesoul, tabellions généraux du comté de Bourgogne et notaires de Besançon, certifions à tous que les habitans de Noidans près dudit Vesoul, hommes et sujets de M. de Varambon, ont accoutumé faire scèller les lettres de vendages et échanges et autres traittés qu'ils ont fait du temps passé de leurs héritages estant et mouvant de la seigneurie dudit sieur de Varambon sous son scel et non point sous le scel d'aucun tabellion de nosdits souverains seigneurs; et autrement ne les eussent osé faire sceller d'autre scel que dudit sieur de Varambon qu'ils ne fussent estés amendables ; et il en a esté fait pareillement par les hommes du sieur de Fleygy estant audit Noidans, partagés avec ledit sieur de Varambon et d'autres voisins, estant de semblable condition que lesdits hommes dudit sieur de Varambon, et aucuns de nous ont eu affermé le scel des tabellions de Vesoul et Charriez, nous avons veu plusieurs lettres des héritages de ladite seigneurie ainsy scellés et non aucunement scellés des scels et tabellionnages de nosdits souverains sieurs, en témoin de ce nous avons signé ces présentes de nos seings manuels, y mis le quinze mars mil quatre cent quatre-vingt-dix-sept. Ainsy signé : Versol, C. Pellet, L. Renard, M. Terrier, de la Courvé, Belcorps et N. Demogenet.

Je Jean Bourdot, conseiller et receveur de l'épargne du roy et nos souverains sieurs de Bourgogne, confesse avoir eu et receu des hommes, manans et habitans du village de Noidans près Vesoul, la somme de cent francs monoye courante au comté de Bourgogne, laquelle m'a esté ordonné recevoir de ses habitans pour la finance de l'affranchissement d'iceux habitans, laquelle a esté taxée et arbitrée par Messieurs les présidens et gens des comptes de nosdits seigneurs au lieu de Dôle à ladite somme de cent francs, ainsy qu'il appert plus amplement par les lettres dudit affranchissement, consentement et lettres d'arbitrage de mesdits seigneurs icy attachées, de laquelle somme de cent francs je suis et me tient pour content, payé et satisfait et en quitte et promet d'acquitter envers et contre tous les habitans de Noidans et tous autres ; tesmoin mon seing manuel cy mis le six février mil quatre cent quatre-vingt-dix-huit. Ainsy signé : Bourdot.

Philippe, par la grâce de Dieu, archiduc d'Autriche, duc de Bourgogne, de Lothier, de Brabant, de Carinthie, de Carniolle, de Limbourg et de Gueldres, comte de Hasbourg, de Flandres, de Tyrol, d'Artois, de Bourgogne, palatin de Hainaut, Langrave d'Alsace, marquis de Brurgent (sic) et du Saint-Empire, de Hollande et Zélande, de Ferrette et de..., de Namur, de Rumberg, comte seigneur de Frize sur la Marche d'Esclavonie, de Ponte-Corvo, de Salins et de

Malines, etc., à tous ceux qui ces présentes verront, salut.
Comme de la part de nostre bien-aimé Claude De la Pallu,
comte de la Roche, seigneur de Villersexel en nostre comté
de Bourgogne, nous a esté remonstré qu'à cause de sa
seigneurie de Villersexel il a toutes justices, haute, moyenne
et basse au village de Noidans, et que ses sujets, lesquels
sont de mainmorte, luy ont plusieurs fois remonstré que les
voisins dudit Noidans, à cause de la mainmorte, ne se
veullent allier par mariage ny autrement aux sujets dudit
remonstrant dudit lieu de Noidans, ce qui leur tourne à
très-grand déshonneur et déplaisir et dommage, requérant
audit remonstrant les vouloir affranchir de ladite mainmorte ;
ce que ledit remonstrant auroit volontiers fait, mais il
n'oseroit sans sur ce avoir nos grâces, congés et licence,
dont attendu ce que dit est il nous a très-humblement
supplié et requis pour ce ; les choses ayant considéré et sur
ce eu l'avis de nos bailly d'Amont, avocat fiscal et procureur
dudit balliage audit suppliant, inclinant à sadite requeste et
supplication, avons au cas susdit octroyé, consenti et accordé,
octroyons, consentons et accordons en luy donnant congé et
licence de grâce spéciale, par ces présentes qu'il puisse par
luy et ses successeurs à tousjours affranchir ses sujets et
hommes dudit lieu de Noidans et leur postérité de ladite
mainmorte, pourvue toutefois que nos rentes et droits ne
soient diminués, et que s'ils ne font aucunes choses à
l'avantage dudit remonstrant, ce sera en accroissance de
nosdits fiefs et moyennant aussy qu'ils en payeront et séront
tenus payer pour nous et à nostredit profit et celuy de nos
receveurs qu'il appartiendra certaine somme d'argent et
finance à l'arbitrage et taxation de nos amés et féaux nos
présidens et gens de nos comptes à Dosle, que commettons
à ce et sauf en autre chose nostre droit et l'autruy en toutes,
si donnons et mandons auxdits gens de nos comptes à Dosle,
à nostre bally d'Amont et à tous nos autres justiciers et

officiers présens et avenir, à leur lieutenant, et à chacun d'eux en droit soy, et si que à luy appartiendra, que ladite finance taxée et arbitrée par lesdits gens de nos receptes et payée à nostredit receveur, lequel sera tenu d'en faire recepte à nostre profit, ils fassent, souffrent et laissent ledit seigneur, ses sujets et hommes dudit Noidans, ensemble leur postérité, de nostreditte grâce, octroy, congé et licence selon et en la manière ditte cy-devant, pleinement et paisiblement jouir et user sans leur estre fait aucun destourbe au contraire, car ainsy nous plaist. En témoin de ce nous avons fait mettre le scel de mon très-redouté seigneur père à ces présentes et de nous. Donné en nostre ville de Bruxelles, le sept avril mil quatre cent quatre-vingt-seize après Pasques. Ainsy signé par Monseigneur l'archiduc à la relation du conseil : C. Lefaivre. Sur le replit et après ladite signature est écrit ce que s'ensuit : Expédié et registré en la chambre des comptes du roy et de M. l'archiduc, nos souverains seigneurs à Dôle, moyennant finance, laquelle après l'information faite des facultés des sujets et habitans dudit sieur de Villersexel audit lieu de Noidans et en vertu de ces présentes par les présidens et gens desdits comptes, a esté taxée et arbitrée à la somme de cent francs et a esté payée à Jean Bourdot, conseiller et receveur de l'épargne de nosdits seigneurs, qui appert par ces lettres de recepte attachées à ces présentes sous le signe du président desdits comptes, lesquels moyennant laditte finance ont entériné et entérinent lesdittes présentes selon leur forme et teneur, et tout ainsy que nostre seigneur le veut et mande estre fait par icelle ; la copie desquelles lettres, ensemble de laditte lettre de recepte, sont demeurées et retenues en cette chambre au lieu à ce ordonné. Fait au grand bureau de laditte chambre, le premier mars mil quatre cent quatre-vingt-dix-sept. Tesmoins et présens G. Dumay. Scellé du grand scel, un peu rompu, de cire vermeille à double queue pendant.

Extrait du troisième registre des chartres reposant à la Chambre des comptes à Dôle, auquel fol. XII est écrit ce que s'ensuit : Monsieur, par ces présentes données à Bruxelles le sept avril mil quatre cent quatre-vingt-seize, a donné congé et licence à Claude De la Pallu, comte de la Roche, seigneur de Villersexel au comté de Bourgogne, de pouvoir affranchir ses sujets et hommes de Noidans, hommes de mainmorte, et leur postérité et lignée née et à naître de laditte mainmorte, pourveu toutefois que les rentes et droits de Monseigneur n'en soient diminués, et que si lesdits habitans et sujets en font aucune chose en avantage audit seigneur de Villersexel, ce sera en accroissance du fief de mondit seigneur et moyennant finance, qui a esté taxée et arbitrée par Messieurs les présidens et gens des comptes à Dôle à cent francs ; que le tout peut apparoir, tant par lesdittes lettres-patentes et expéditions d'icelle, le double desquelles ensemble de l'affranchissement fait par ledit sieur de Villersexel, par vertu desdittes lettres, congé et licence, vérification et entérinement d'icèlles, est demeuré en cette Chambre des comptes pour mettre au lieu à ce ordonné, lesquels cent francs ont esté payés à Jean Bourdot, receveur de l'épargne, comme appert par sa lettre de recepte attachée auxdittes lettres. Signé : Et. Pierre.

Extrait sur l'original par moy Nicolas Drouchot, de Villersexel, tabellion et procureur fiscal de la seigneurie dudit lieu. Signé : Drouchot.

François Rebillet, échevin dudit Noidans, m'a payé deux livres pour cet extrait le quatorze may mil sept cent seize. Signé : Drouchot.

Expédié pour les habitans dudit Noidans. 1716.

Affranchissement des habitants de Ray.

(2 août 1436.)

Quand on se rend de Vesoul à Gray par la voie ferrée, on aperçoit, en face de la station de Vellexon, un château que signalent au loin deux tours massives qui surplombent en quelque sorte la Saône du haut de la colline contournée en cet endroit par la rivière. C'est le château de Ray, construit sans doute vers le X° siècle sur l'emplacement d'un poste gallo-romain établi dès la plus haute antiquité pour surveiller le passage de la Saône. C'est du moins ce que permet de conjecturer la découverte soit dans le village de Ray même, soit dans le pourtour du château, d'une grande quantité d'objets en bronze et en fer, mais surtout en bronze, tels que bracelets, fers de lance et de javeline, haches, chaînes, etc., recueillis et conservés par M. le duc de Marmier. Mais Ray ne devait être alors qu'une misérable bourgade occupée par quelques pêcheurs et soldats préposés à la garde du passage, et faisait triste figure entre deux villes romaines assez importantes, puisqu'elles sont indiquées dans les *Notices de l'Empire* et dans la *Table de Peutinger* sous les noms de *Portus-Abucinus* (Bucey-les-Traves) au nord, et de *Segobodium* (Seveux) au sud.

On n'ignore pas qu'à l'époque des invasions, et surtout lors de l'établissement du régime féodal, il se passa généralement un phénomène géographique qu'explique, comme l'a fait remarquer M. Guizot, la prépondérance que prirent alors les campagnes sur les villes. On peut observer, en effet, qu'alors un grand nombre de villes romaines disparurent pour ainsi dire sans laisser souvent d'autres traces de leur existence que leur nom primitif conservé plus ou moins altéré dans l'appellation de quelque *pagus* ou d'un petit village. A côté de ces localités romaines s'élevèrent des châteaux d'abord, puis des bourgs fortifiés qui devinrent le centre de seigneuries importantes et les supplantèrent en quelque sorte dans leur rôle historique et administratif. *Segobodium* ne semble pas avoir échappé à cette loi presque générale. Tandis que sur son emplacement continuèrent à vivre quelques habitants qui formèrent plus tard la petite commune de Seveux, Ray avec son château-fort devint le centre d'une terre considérable et le siége d'une double juridiction composée d'un juge-châtelain et d'un bailli jugeant en appel, mais dont les sentences furent toutefois soumises, à partir du XVI⁰ siècle, aux officiers du bailliage de Gray.

Dès la fin du XI⁰ siècle apparaissent des seigneurs de Ray, entre autres Guy de Ray *(Guido de Rupe)* qui vivait en 1090, d'après le manuscrit conservé à la bibliothèque de Vesoul, renfermant la généalogie de cette famille. A cette époque reculée, le château ne consistait probablement qu'en deux tours, dont les fondations ont sans doute servi à la reconstruction de celles qui les remplacèrent au XV⁰ siècle ; elles étaient reliées par une courtine suivant l'escarpement du rocher et presque à pic sur la Saône ; à l'intérieur, seulement quelques salles avec des voûtes romanes et éclairées par des ouvertures longues et étroites percées en retrait dans des murailles d'une épaisseur d'un mètre et demi. Telle devait être l'habitation des premiers seigneurs de Ray, qui comptaient parmi les plus anciens barons et chevaliers bannerets du comté de Bourgogne. L'un d'eux acquit une certaine célébrité au commencement du XIII⁰ siècle en prenant part à la quatrième croisade ; ce fut Othon de La Roche *(Otho de Rupe)*, qui devint duc d'Athènes et de Thèbes. Les archives de la Haute-Saône (H, 190) conservent deux chartes datées d'Athènes, par lesquelles ce seigneur fit diverses libéralités à l'abbaye de Bellevaux. MM. L. Suchaux *(Dict. des Communes de la Haute-Saône,* verb. SEVEUX) et Long-champs *(Revue épigraphique de la Haute-Saône)* donnent le dessin d'une pierre tombale encore existante dans l'église de Seveux et qui, d'après eux, aurait recouvert les restes du duc d'Athènes. Mais nous pensons que c'est le petit-fils du fameux croisé, appelé aussi Othon, qui fut inhumé dans le chœur de Seveux. Les deux érudits que nous venons de citer remarquent avec raison que la modeste épitaphe ainsi conçue : MOLE SVB ISTA CI PREMITVR DNS RAIACI OTHO ROGATE DEV NE PREMAT HOSTIS EVM, ne fait aucune allusion à ses conquêtes en Orient et se tait sur de si hauts exploits. Ils auraient pu observer aussi que la longue robe avec les trois échancrures bordées d'hermine n'est pas « le signe héraldique de la souveraineté, » mais bien le costume caractéristique des grands seigneurs de l'époque de Philippe-le-Bel. Le duc d'Athènes, s'il eût été représenté sur une pierre tombale, apparaîtrait revêtu du haubert et coiffé du heaume, et non de la longue robe des légistes.

Seveux se détacha au XIVᵉ siècle de la terre de Ray pour former une seigneurie particulière qui fut tenue successivement par les Pontailler et les de Marmier. Ce fut un des membres de la famille de Pontailler qui, au XVIᵉ siècle, affranchit les habitants. En 1740, elle fut érigée en marquisat pour François-Philippe de Marmier.

En 1341, Gauthier de Ray fonda dans l'église de ce village un chapitre qui se composait d'un doyen et de cinq cha-noines, tous à la nomination du seigneur. Un des chanoines faisait les fonctions de curé et en avait le titre *(Almanach de la Franche-Comté,* 1785, et Archives de la Haute-Saône, série G, 104).

Ce Gauthier eut pour fils Jean de Ray, qui fut gardien du comté de Bourgogne en 1369, prit une part active à la défense du pays contre les courses des Grandes Compagnies

et mérita le surnom de Porte-Paix, surnom d'autant plus
glorieux qu'il vécut à une des époques les plus fécondes en
troubles et en calamités publiques. (Gollut, édit. Duvernoy,
pp. 728 et 786.) Ce fut le petit-fils de ce personnage, appelé
Jean comme son aïeul, qui, en 1436, affranchit les habitants
du bourg de Ray. Comme ses ancêtres, il figura avec honneur dans les guerres de son temps et compta parmi les
gentilshommes comtois qui luttèrent à la tête des troupes
du duc de Bourgogne Philippe-le-Bon contre les armées
françaises. Pendant que le duc guerroyait contre les Liégeois,
il se joignit avec beaucoup d'autres de ses compatriotes à
la *route* que le prince d'Orange conduisait en Dauphiné, et
qui fut, le 11 juin 1430, entre Anthon et Colombier, près du
Rhône, attaquée à l'improviste et défaite par les soldats
d'Imbert de Grolée, sénéchal de Lyon, de Raoul de Gaucourt,
gouverneur du Dauphiné, et du fameux routier espagnol au
service de la France, Rodrigue de Villandrando. Le prince
d'Orange put s'échapper, après avoir, quoique armé de
toutes pièces ainsi que son cheval, traversé le Rhône à la
nage ; mais Jean de Ray, François de La Palud-Varambon,
Guillaume de Vienne, sieur de Saint-Georges et de Sainte-
Croix, Claude de Toches et de la Frête, Thiébaud de Rougemont, Jean de Rupt, le sieur d'Estrabonne, Jean de Vienne,
sire de Cicon, Girard de Beauvoir, Jean de Longwy, sire de
Rahon, le sire de Toulongeon, frère du maréchal de Bourgogne, Jean de Chissey, Guillaume d'Andelot, Jean de
Chauvirey et Jean-Louis de Montjoye tombèrent aux mains
de leurs ennemis. Jean de Neufchâtel-Montaigu échappa, avec
la perte de son collier de la Toison d'Or. Jean de Bauffre-
mont, sire de Mirebel, Jacques, sire de Mollans, et quelques
Bourguignons furent au nombre des morts. Le prince
d'Orange racheta tous les prisonniers au prix de cent mille
écus. (Gollut, p. 1,127.)

Il est possible que les pertes éprouvées par Jean de Ray

dans ce désastre ne fu`ent pas étrangères à l'affranchissement
qu'il octroya six ans plus tard aux habitants de Ray, pour
lequel il reçut la somme de « trois cent dix-huit saluts d'or
revenant à quatre cent trente-sept francs trois gros, monnoie
du comté de Bourgogne. » Les habitants ne furent sans
doute pas fâchés, de leur côté, de profiter de la pénurie de
leur seigneur pour se libérer de droits très-onéreux. Ils
avaient eu beaucoup à souffrir des courses des troupes
françaises qui, de Dijon et de Langres, s'élançaient à chaque
instant sur la partie du comté de Bourgogne sise à la droite
de la Saône et par conséquent à la merci de l'ennemi. Ainsi,
le vendredi-saint de l'année 1435, ils furent obligés de
racheter leurs habitations « du feu, moyennant une grant
somme d'argent. » Quatre ans après, au mois de mars 1439,
Guy, bâtard de Bourbon, chef des Ecorcheurs, prit ses
quartiers dans la châtellenie de Ray, comme le montre une
lettre signée de sa main et scellée du sceau de son lieutenant, aux termes de laquelle il prenait sous sa sauvegarde
la terre de Ray et tous les villages en dépendant, savoir :
Vanne, Tincey, Membrey, Valte, Brotte, Charentenay,
Theuley, Lavoncourt, Mont-Saint-Léger et Renaucourt.
(Archives de la Côte-d'Or, chambre des comptes, B, 11,881.
— A. Tuetey, *Les Ecorcheurs sous Charles VII*, tome I,
pp. 49 et 50.)

En 1444, Guillaume de Ray, fils de Jean, était un des
principaux capitaines du duc de Bourgogne. Il est convoqué
pour la défense du pays en même temps que le maréchal de
Bourgogne, le prince d'Orange, le sire de Saint-Georges, le
comte de Fribourg, les sires d'Autrey et de Vergy. (A. Tuctey,
Id., tome II, p. 80.) En 1479, Antoine de Ray prit part à
l'expédition qui eut lieu pour défendre l'île de Rhodes
menacée par les Turcs. Cette maison, qui, de 1400 à 1544,
donna huit chevaliers à la confrérie de Saint-Georges, finit
en 1623, en la personne de Claude-François de Ray, qui

n'eut qu'une fille de son mariage avec Béatrix de Grammont-Conflandey. L'auteur de la *Généalogie manuscrite de la Bibliothèque de Vesoul* ajoute que « le père se réjouissant par excès de la naissance de sa fille, se rompit une coste contre le coin d'une table et en mourut. » Sa veuve, après avoir élevé sa fille, entra au couvent des Annonciades de Dole. A l'épcque du siége de cette ville, en 1636, elle se retira au couvent de Fribourg, où elle mourut selon toute probabilité. Cette fille Marie-Célestine de Ray épousa Albert de Mérode, marquis de Trélon. Leur fils Claude-François de Mérode n'eut de son mariage avec Mlle de Fabert que des filles, dont trois, Mmes d'Holstein, de Cornswaren-Looz et d'Aspremont, furent successivement appelées, en vertu de la clause de substitution renfermée dans le testament de Cleriadus de Ray, en 1581, à prendre possession de la baronnie de Ray. En 1771, à la mort de Mme d'Aspremont et en vertu du même testament, la terre de Ray revint aux descendants de Rose de Ray, fille dudit Cleriadus et sœur de Claude-François, dont la lignée s'éteignit avec Mme d'Aspremont. Rose de Ray avait épousé vers 1609 son parent Alexandre de Marmier, seigneur de Gâtey et de Sevcux. Depuis 1772, le château de Ray est resté sans interruption dans les mains de la famille de Marmier, qui y conserve des archives riches en titres généalogiques et en documents curieux sur l'histoire de la Franche-Comté du XVe au XVIIe siècle. Ils proviennent, en effet, des maisons de Ray avec ses alliances avec les La Roche, Villersexel, Montjoye, etc., de Marmier, de La Baume-Montrevel, de La Baume-Saint-Amour et de Choiseul-Stainville. C'est à la connaissance que M. le duc de Marmier a bien voulu nous laisser prendre de ce riche dépôt d'archives que nous devons la découverte de la charte d'affranchissement inédite des habitants de Ray en 1436.

Par cet acte, Jean de Ray, après avoir constaté « que ses

hommes dudit bourg étoient mainmortables, de condition serve, chargés et affectés de forsmariage, devant chascun deux gelines à caresmentrand, taillables deux fois l'an, corvéables à volonté, désiroient ce que toute créature humaine apéte, demande et désire, c'est à sçavoir franchise et liberté qui est chose inestimable et que à nul prix pécuniaire ne se peult ne doibt esvaluer, » les affranchit : 1° « desdictes servitudes de morte-main, condition serve, de forsmariage, aussy de ladicte geline de caresme entrant, leur donnant pouvoir de tester et ordonner de leurs biens en leur vivant, succéder les uns aux aultres de hoirs en hoirs, marier leurs filles et enfans où bon leur semblera » ; 2° de la taille à volonté, moyennant le paiement par ceux possédant des biens fonds d'un cens total de soixante livres estevenins payables, savoir : quarante livres à la Saint-Michel et vingt livres à la mi-carême ; 3° de l'obligation générale de faire chaque soir guet et garde au bourg et au château de Ray, pourvu qu'ils s'engagent à y mettre une garde suffisante, « moyennant ce, iceulx habitans sont et demeurent quictes de y faire autre guet, escharguet ou garde, ce n'estoit en temps de doubte véhémente et apparente, auquel cas lesdicts habitans seront tenus de plus avant s'en employer esdicts guet et garde desdicts lieux, selon l'ordonnance et bonne volonté de nous et de nosdicts successeurs et des chastelains et capitaines dudict lieu..... réservé toutes fois auxdicts habitans que se par advanture ladicte ville de Ray se mettoit en cloison et fermée et telle qu'elle fut tenable et en fortification suffisante, que iceulx habitans en ce cas ne seront tenus de faire guet et garde ailleurs qu'en ladicte ville ainsi fortifiée et tenable » ; 4° des corvées de bras à volonté qui sont réduites à quatre par an, savoir : une en temps de fenaison, une à la moisson de froment, une à la moisson des avoines et la quatrième aux vendanges ; 5° de l'obligation de porter les lettres du seigneur, « sauf toutes fois qu'en cas de nécessité et de éminent péril et pour les affaires qui surviendront audict Ray et là ou bonnement on n'auroit loisir ne espace d'envoyer en la terre et chastellenie dudict Ray pour faire porter aucunes lettres qui soyent hâtives, en ce cas et non aultrement, celuy desdicts habitans qui suffisamment et duement requis sera de porter lesdictes lettres parmy luy payant promptement son salaire compétent, qui ne pourra ny devra excéder plus de trois deniers estevenans par lieue » ; 6° des charrois à volonté « réduits à trois corvées de chars, sans compter celles qui pourroient être requises pour les fortifications, et réparations desdicts chasteau et bourg, et le charroi des lignières pour le chauffage dudit château ». Il leur concède aussi : 1° les droits d'affouage et de mort-bois dans tous les bois seigneuriaux sis au territoire de Ray, moyennant le paiement par feu et ménage de deux quartes d'avoine chaque année à la Saint-André ; 2° la réduction de trois corvées de charrue à deux, qui se feront en vahin et en carême.

Tels sont les principaux avantages que les habitants de Ray obtinrent par leur affranchissement, dont la teneur diffère peu de celle de la plupart des actes de cette nature octroyés au XVᵉ siècle.

Affranchissement des habitants de Ray par Jean, seigneur dudit lieu. (2 août 1436.)

(Archives du château de Ray.)

Nous Jean, seigneur de Ray et de Courcelle-sur-Aujon, faisons sçavoir à tous ceulx qui ces présentes verront, que comme les habitans de nostre ville dudit Ray, lesquels avant la façon et dation des présentes estoient nos hommes mainmortables, de condition serve, chargés et affectés de forsmariage, devant un chascun d'eulx geline à caresme

prenant, taillables deux fois l'an, corvoillables à volonté,
désirant nos hommes et sujets dudit lieu ce que toute
créature humaine apête, demande et désire, c'est à sçavoir
franchise et liberté, qu'est chose inestimable et que à nul
prix pécuniaire ne se peult ne doibt esvaluer ; nous ayant
requis et très-humblement par maintes fois supplié que
desdites servitudes de morte-main et de condition serve les
voulussions affranchir en les abonnant desdictes tailles et
corvées, et aussy de certaines aultres menues servitudes et
droits qu'ils nous devoient à cause de nostredicte seigneurie,
qu'ilz avoient accoutumés faire et payer ça en arrière ; et y
soit ainsi, que nous, considérans les très-grandes charges et
énormes pertes que lesdictz habitans ont soubstenus et
supportés à l'occasion de la guerre générale qui naguères a
courru, tant en la plus grande partie de leurs biens meubles,
qu'ilz perdirent à la course faicte audict Ray le jour du grant
vendredy benoit mil quatre cent trente-quatre, comme pour
avoir racheté le feu d'icelle ville d'une grant somme d'argent,
pour lesquelles charges iceulx habitans sont encore endebtés
en plusieurs lieux et en grand dangier, desquelz ils ne se
pouvoient bonnement oster, sinon moyennant nostre grâce
et ayde, et aussy que ladite ville dudit Ray est la plus principale de toutes nos seignories et de laquelle nous avons et
portons le nom, comme faict ont nos prédécesseurs ça en
arrière, et que principalement à cause d'icelle nostre
seignorie nous sommes banneret ; considérans aussy que
plusieurs particuliers de nostredicte ville sont déjà été
affranchis desdittes servitudes par cy-devant noz prédécesseurs, et que ladicte ville est petitement peuplée et les
habitans d'icelle petitement amassés de héritages, et que
par le moyen de ladicte franchise et liberté ladicte ville se
pourra peupler de gens notables, marchans et autres ; veu
mesmement que en nostredicte ville y a foires et marchés,
le moyen desquels, moyennant ladicte franchise, lesdicts

habitans se pourront enrichir, et qu'il est chose moult
expédient à la chose publique et au seigneur que en a le
gouvernement, de avoir ses sujets riches ; et pour plusieurs
autres causes qui à ce nous ont mehu et meuvent, mesmement que de bonne mémoire messire Bernard, jadis seigneur
dudit Ray, nostre père, et aussy nostre ayeul et grant père,
dont Dieu ait les asmes, eurent en leur tems comme jà
l'avons dit, volonté et propos de affranchir lesdicts habitans,
et de ce faire nous chargea en son vivant, nostre sieur père
mesmement ; que pour ladicte cause lesdicts habitans nous
ont libéralement donné la somme de trois cens et dix-huict
salus d'or revenans à quatre cens et trente-sept francs trois
gros, monoye présentement courante au comté de Bourgougne, laquelle nous avons reçue d'iceulx et les avons
quictés et quictons par ces présentes ; avons auxdicts habitans de ladicte ville de Ray et à leurs enfans naturels et
légitimes nés et à naistre, leurs successeurs et ayans-cause,
de hoirs en hoirs et ligne en ligne, manans et résidans ou
qui maison et résidence feront tant audict Ray que ailleurs,
donné et ouctroyé, donnons et ouctroyons de grâce spéciale
par ces présentes affranchissement pour nous et nos hoirs et
ayans-cause en la manière que s'ensuit :

Premièrement, avons affranchi et affranchissons par cette
présente tous lesdicts habitans de ladicte ville dudict Ray
présens et avenir, leurs enfans nés et à naistre, successeurs
et ayans-cause, de hoirs en hoirs, comme dict est, en quelque part qu'ils résidoient, leurs meix, maisons, terres,
ténemens et aultres biens quelconques estaut et assis en
ladicte ville dudict Ray, finage et territoire d'icelle, perpétuellement desdictes servitudes de morte-main, condition
serve, de forsmariage, aussy de ladicte géline de caresme
entrant ; et à iceux habitans pour eulx, leurs hoirs, leurs
enfans naturels et légitimes, nés, à naistre, successeurs et
ayans-cause, avons donné et octroyé, donnons et octroyons

par ces présentes de grâce spéciale, liberté et franchise de
pouvoir tester et ordonner de leurs biens en leur vivant, et
succéder les uns aux aultres de hoirs en hoirs, qu'ils
puissent marier leurs filles et enfans où bon leur semblera,
sans doubte et sans que ayons ou devions avoir aucuns
droits dudict forsmariage ne autres, tenir et posséder leurs
héritages que ilz avoient audict Ray et territoire d'iceluy,
supposé qu'ils résident ailleurs que audict Ray parmy nous
payant nos droicts et nous faire toutes aultres choses légitimes que gens francs de franche condition en Franche-
Comté peuvent et doibvent faire ; leurs avons aussy donné
et donnons franchise et liberté de nous payer ladicte geline
à caresme prenant, sans rien recevoir ny réserver à nous ny
à nos hoirs desdictes servitudes de morte-main et serve
condition, de forsmariage et desdictes gelines, sauf et réservé
tant seulement à nous, à nos hoirs et à nos successeurs
l'eschutte de ceux ou celles de ladicte ville qui, par avant
cet affranchissement, estoient et sont demeurés hoirs dudict
Ray sans y avoir aucuns meix et héritages, qui iront de vie
à trespassement sans hoirs de leur corps qui leurs puissent
ou doivent succéder, laquelle eschutte nous et nos hoirs
pourrons et devrons avoir et prendre nonobstant ladicte
franchise.

Item, et que iceux habitans de nostre editte ville de Ray qui,
comme dit est auparavant ces présentes franchises estoient
taillables à volonté haut et bàs deux fois l'an, c'est assavoir
aux termes de Sainct-Michel et de mi-caresme, nous, iceulx
habitans qui à présent sont et pour le tems advenir seront
en ladicte ville de Ray et qui y auront héritages et biens,
avons abonnés et abonnons et les affranchissons desdictes
tailles à volonté, parmy ce que iceulx habitans demeurant en
ladicte ville ou qui y auront héritages et biens seront tenus
payer à nous ou à nos hoirs et successeurs, seigneurs dudict
Ray, ou à nostre receveur audit lieu, tout seulement soixante

livres estevenans de taille abonnée que voulons doresenavant
être appelée et nommée cens, chascun an à deux termes,
c'est assavoir à ladicte Saint-Michel quarante livres estevenans et à mi-caresme les autres vingt livres estevenans ;
pour lesquelles tailles imposées, jetées et esgallées avons
donné et octroyé, donnons et octroyons par ces présentes
auxdits habitans qui présentement sont et pour le temps
advenir seront habitans en ladicte ville, qu'ils se puissent
assembler..... pour eslire trois ou quatre d'iceulx ou autres
tel nombre que bon leur semblera, pour jetter et esgaller
lesdictes tailles par foi et serment qu'ils feront es mains de
nostre chastelain ou gouverneur de ladicte justice dudict
Ray. Leur avons aussy donné et octroyé pouvoir et faculté
de eslire entre eulx un receveur pour lever et recueillir
lesdictes tailles sur et de ceulx à qui elles seront imposées ;
lequel receveur qui pareillement fera le serment pour ce
gager et faire gager et exécuter ceulx qui les lèveront pour
nous et nos successeurs audict Ray, en faire le payement
audicts termes, sans en avoir ny attendre de nous ou de nos
successeurs pour faire les choses susdictes autres licence ou
congier et sans dangier ne doubte de encourir envers nous
aucune amande ; et au cas que lesdicts habitans ne payeront
lesdictes tailles lesdicts termes, nous ou nosdicts successeurs
pourrons faire exécuter lesdicts habitans, tant en commun
que en particulier par la prinse, barre et vendue de leurs
biens à leurs propos missions et despens comme de propres
deniers du seigneur, et nonobstant opposition ou appellation
quelxconques que lesdicts habitans ou aucuns d'eux pourroient esmettre et faire.

Item, qu'an regard du guet et garde que lesdits habitans
doivent et ont accoutumé faire audit Bourg et au chasteau
dudit Ray, avons octroyé et octroyons auxdicts habitans que
parmi ce que iceulx habitans mettront et sont tenus de
mettre à leurs despens chascun soir toute l'année une guaitte

bonne et suffisante esdicts bourg et chastel pour y faire guet
et garde ; iceulx habitans sont et demeureront quictes de y
faire autre guet, escharguet ou garde ce n'estoit en tems de
doubte vehemente et apparente ; auquel cas lesdicts habitans seront tenus de plus avant s'en employer esdicts guet
et garde desdicts lieux, selon l'ordonnance et bonne volonté
de nous et de nosdicts successeurs ct des chastelains et
capitaines dudit lieu, sauf et réservés en tout sur lesdicts
habitans le contenu es ordonnances de mon très-redoubté
seigneur Monsieur le duc et comte de Bourgougne faictes
sur les retraictes, esquelles ny au contenu d'icelles nous
n'entendons en rien préjudicier par la teneur de ces présentes ;
réservé toutes fois auxdicts habitans que se par advanture
ladicte ville de Ray se mettoit en cloison et fermée, et telle
qu'elle fut tenable et en fortification suffisante, que iceulx
habitans en ce cas ne seront tenus de faire guet et garde
ailleurs qu'en ladicte ville ainsi fortifiée et tenable.

Item, quant aux corvées desdicts habitans qu'estoient
corvéables à nous de toutes corvées à volonté, nous avons
remis et remettons lesdictes corvées à volonté auxdicts
habitans et à leurs successeurs, parmi faisant quatre corvées
par an tant seulement à nous et à nos successeurs, c'est
assavoir une en fenoison, une en moisson de froment, une
en moisson d'avoine et la quatriesme en vendange.

Item, quant à la servitude de porter lettres pour nous et
de par nous, dont cy en arrière ont été chargés lesdicts
habitans, nous, de ladicte servitude avons affranchi tous
lesdicts habitans et leurs successeurs, parmi toutes fois qu'en
cas de nécessité et de éminent péril et pour les affaires que
surviendront audict Ray et là où bonnement on n'auroit
loisir ne espace d'envoyer en la terre et chastellenie dudict
Ray pour faire porter aucunes lettres qui soyent hâtives, en
ce cas et non aultrement, celuy desdicts habitans qui
suffisamment et deuement requis sera de porter lesdictes

lettres dès ledict Ray venues et non d'ailleurs, sera tenu de porter lesdictes lettres, parmy luy payant promptement son salaire compétant, qui ne pourra ny devra excéder plus de trois deniers estevenans par lieue.

Item, et quant à ce que lesdicts habitans ont accoustumés cy en arrière de faire tous charrois pour nous, nous de la servitude de faire tous lesdicts chariots avons affranchis et affranchissons lesdicts habitans et leurs hoirs perpétuellement, parmy toutes fois que un chascun desdicts habitans ayant chars ou charrette, suffisamment et duement requis, sera tenu de faire trois corvées de chars pour les employer pour nous et nos successeurs à tel usage et à tel jour que plaira à nous et à nos successeurs, sauf et réservé à nous et à nos successeurs le charroi nécessaire pour les fortifications et réparations desdicts chasteau et bourg, sans par ce préjudicier auxdictes ordonnances de mondict seigneur de Bourgougne faites sur les retraits ; sauf, en outre, et réservé à nous ou à nos successeurs le charroi que lesdicts habitans ont accoustumé de faire pour les lignières es jours accoutumés pour le chauffement de nostre hostel.

Item, avons octroyé et octroyons par ces présentes auxdicts habitans et à leurs successeurs les effouages et mort-bois en tous nos bois dudict Ray, parmy payant à nous et à nos successeurs, seigneurs dudict Ray, deux quartes d'avoine chascun an à la feste Saint-André.

Item, et quant au fait des charruages et corvées de charrues que avoient cy en arrière accoustumés de faire lesdicts habitans trois fois l'an, c'est assavoir en sombre, en vahin et en caresme, lesdicts habitans qui auront charrues ne seront doiresenavant tenus d'en faire que deux, c'est assavoir une en vahin et l'aultre en caresme, et de l'aultre les avons affranchis et affranchissons par ces présentes.

Item, en ces présentes franchises et libertés des choses dessusdictes au regard des servitudes et charges susdictes, voulons être employées et entendues et aussy avoir lieu au regard des habitans de ladicte ville de Ray que ne sont point de nostre morte-main ne non taillables ains sont mainmortables et taillables d'autres, au regard desquelles nous voulons qu'ils soient affranchis, abonnés en tant qu'il nous touche et aussy desdictes servitudes desquelles ils nous estoient tenus par avant ces présentes, pareillement que l'avons octroyé à nos aultres hommes de Ray.

Item, voulons aussy et consentons par ces présentes que tous ceux de ladicte ville de Ray qui avant la confection et octroy de ces présentes lettres estoient affranchis et abonnés par nos prédécesseurs, seigneurs dudict Ray, et par nous soient pour eulx, leurs hoirs et successeurs compairants es franchises et libertés contenues en ces présentes lettres, et d'icelles jouissent et usent en tant qu'elles amplifieroient le contenu en leursdites lettres, sans vouloir aucunement préjudicier au contenu en icelles leursdites lettres.

Item, que par ces présentes franchises n'entendons aucunement préjudicier à nos aultres droits à quoi à nous sont tenus lesdicts habitans, ains les avons réservés et réservons, retenus et retenons à nous et à nos successeurs par ces présentes, et promettons par la foi de nostre corps et par nostre serment, par ferme et solennelle stipulation sur ce entrevenue pour nous, nos hoirs et successeurs, seigneurs et dames dudict Ray, toutes et singulières les choses dessusdictes, et chascune d'icelles, avoir, tenir, garder et accomplir de point en point, fermes, stables, agréables et vaillables à tousjours, et non faire venir, attenter à l'encontre au temps présent et advenir, ne souffrir autres y viennent en jugement ou dehors, en apert ou en requoy, taisiblement ou expressément, directement ou indirectement, en quelque manière que ce soit; pour toutes lesquelles choses dessusdites et chacune d'icelles ainsi faire, tenir et accomplir de point en point, selon leur forme teneur, nous avons obligé et obligeons

spécialement et expressément submis et submettons, quant
à ce, aux juridictions et contrainctes des cours de Monsieur
le duc et comte de Bourgougne et de toutes autres cours et
juridictions spirituelles et temporelles sur ce requises,
nous, nos hoirs et successeurs et les ayans-cause de nous
ou temps advenir, ensemble tous nos biens, les biens de
nosdicts hoirs ou ayans-cause, meubles et non meubles
présens et advenir quels ou qu'ils soient ou pourroient estre
trouvés, pour estre contraincts et accomplir à l'observation
des choses susdictes et d'une chacune d'icelles, ainsi comme
pour choses connues et jugées en droit. Et avons renoncé
et renonçons par ces présentes, par nostredit serment,
expressément à toutes et singulières exemptions de droit,
de fait, de dol, de fraude, de barrat, d'erreur, de lézion, de
déception, de circonvention, à l'action en fait, à la condition
sans cause ou injuste cause, à l'exception de dire et opposer
les choses dessusdites non avoir été passées, traitées,
accordées en la forme et manière que écrites sont les présentes lettres et que plus ou moins y soit écrit que passé et
accordé ne fut à la réception d'icelles, à l'exception de ladite
somme non avoir été payée, à l'espérance de future numé-
ration et tradition d'icelles, à toutes grâces, priviléges,
dispensation et indulgences de papes, empereurs, de rois,
de ducs, de comtes ou d'autres princes impétrés ou à
impétrer à ces présentes lettres contraires, à droit disant
que donation peut estre révocquée pour cause d'ingratitude,
et à toutes autres exceptions, défenses et allégations, tant
de droit que de fait et de coustume que pourroient estre
dites, alléguées ou proposées contre la teneur et effet des
présentes lettres et dont il seroit besoin d'en y faire mention
expresse de mot à mot, et au droit disant générale renonciation ne vaut si l'espéciale ne précède. Et toutes et

singulières les choses susdittes, nous connoissons et confessons estre vrayes et ainsi les avons passées et traictées, accordées et promises auxdicts habitans de Ray en présence des tesmoins cy-dessous écrits et aussy de par Perrenot Proudon, Guyot Breton, Jean Pouthier, Jean Renard, Huguenin Richard, Aurélien Barbier, Jacquot Palan, Jean fils de feu Guillaume Le Faivre, Fromont Bouctier, Simonin Le Bégue, Estienne Oyselet, Jean Courdier et Odot Piguillot, habitans et par nom d'habitans de la ville et communauté dudict Ray, faisant la plus grande et saine partie et luy faisant fort des autres habitans dudit lieu absens ; lesquels habitans es noms que dessus et pour eux et leurs hoirs et successeurs, et pour ceux qui habiteront audict Ray au temps advenir ont consentu, passé, accordé et agréé les choses dessusdittes et chacune d'icelles et icelle en tant comme y leur touche, ont promis non contrevenir en quelque manière que ce soit. En tesmoin-gnaige desquelles choses, nous tant de nostre bon vouloir, comme aussy à la requeste des dessus nommés habitans présens et luy faisant fort des absens, avons signé ces présentes lettres de nostre main et à icelles fait mectre nostre petit scel, ensemble et avec nostre grand scel duquel on use en nostre tabellionné dudit Ray, par Regnard Leclerc, nostre tabellion dudict Ray, le second jour du mois d'aoust l'an mil quatre cent trente-six. Présens vénérables et discrètes personnes messire Jean Sardon, licencié en loix, nostre conseiller et bailly, messire Pierre Belgrand, doyen et chanoine dudit lieu, messire Jean Bellenet, curé de Vanne, Jean de Noidans, châtelain dudict Ray, et Thiébaut de Beljeux, écuyer, tesmoins requis et appellés. Signé : Jean, seigneur de Ray. Scellé à Besançon le dix-sept janvier mil sept cent soixante-trois. Receu vingt-cinq sols. Tilletey.

A cette charte en parchemin pend encore l'un des sceaux de Jean, seigneur de Ray.

Sur le reply est écrit : Par le commandement de Monseigneur. Signé : J. Janneney. Par le commandement de Monseigneur. Signé : H. Philippi.

Extrait du *Bulletin* de la Société d'Agriculture, Sciences et Arts de la Haute-Saône (année 1881).

VESOUL, TYPOGRAPHIE DE A. SUCHAUX.

www.ingramcontent.com/pod-product-compliance
Lightning Source LLC
Chambersburg PA
CBHW061345060726
47597CB00003B/725